nada

Karin Jundt

Das spirituelle Leben

Sonnwandeln Band V
Buchreihe für spirituelle Entwicklung
und Selbstveränderung

nada

Reihe Wegweiser

Bibliografische Information der Deutschen Nationalbibliothek:
Die Deutsche Nationalbibliothek verzeichnet diese Publikation in der
Deutschen Nationalbibliografie; detaillierte bibliografische Daten sind
im Internet über http://dnb.d-nb.de abrufbar.

ISBN 978-3-907091-15-9

*Gewidmet den Seelen
meiner verstorbenen Lieben,
Mamma, Papà, Edi, Thomas,
Tante Doris, Bethli und Dennis*

Inhaltsverzeichnis

*Die innere Einsamkeit kann nur
durch die innere Erfahrung der Einheit
mit dem Göttlichen geheilt werden;
keine menschliche Beziehung kann
diese Leere füllen.*

Sri Aurobindo

Einleitung

Als Kind verstand ich den Gott der Bibel nicht – zürnend, strafend, unversöhnlich. So konnte der Gott, zu dem ich betete, doch nicht sein! Erst viel später, an der Uni, lernte ich, dass der alttestamentarische Gott Jahwe nur der Gott eines bestimmten Volkes war, nämlich Israel, ebenso wie Assur zu den Assyrern und Marduk zu den Babyloniern gehörte. Jahwe setzte sich gegenüber der „Konkurrenz" durch und wurde zum Gott von gegenwärtig über dreieinhalb Milliarden Menschen, zählen wir die Juden, Christen und Muslime zusammen, die, wenn auch unter verschiedenen Namen, an den gleichen biblischen Gott glauben.

Überhaupt schien mir im Katholizismus vieles unlogisch, doch niemand ging auf meine Einwände ein. Wie kann eine Sünde, die von Adam und Eva einmal begangen wurde, auf alle Nachkommen, die nichts dafür können, übergehen? Heute weiß ich natürlich, dass diese Vorstellung in den Kontext der Sippenhaft gehört, wie sie in vielen Kulturen herrscht. Aber auch andere Fragen konnte mir Schwester Maria, die uns Religionsunterricht erteilte, nicht beantworten. Sie erzählte uns einmal, jede begangene Sünde sei ein schwarzer Punkt auf unserer Seele. Ich wollte wissen, wie es denn funktioniert, dass die Punkte wieder verschwinden, wenn ich die Sünden beichte… Oder was passiert, wenn die Seele vor lauter Punkten völlig schwarz wird…

Nachdem ich in der Pubertät dem katholischen Glauben abgeschworen hatte, begann meine Suche nach der Wahrheit, wie ich es damals nannte. Ich befasste mich mit esoterischen Lehren, doch ich erkannte nach einigen Jahren, dass sie mich nicht weiterbrachten. Schließlich gelangte ich zur Überzeugung, frühere Kulturen hätten die „Wahrheit" besessen, diese sei jedoch über die Jahrtausende verloren gegangen. Also begann ich mit Mitte zwanzig, an der Uni Alte Geschichte und Religionsgeschichte zu studieren. Und erkannte noch schneller als bei der Esoterik, dass ich die ersehnte Wahrheit dort nicht finden würde.

Ich wandte mich dem Buddhismus zu, doch manche meiner Fragen blieben unbeantwortet und ich hatte immer das

→ Siehe auch
Seiten 28/29

→ Hinduismus:
siehe Glossar
Seite 204

Gefühl, es fehle etwas – auch die Wahrheit blieb mir nach wie vor verborgen. Der Hinduismus interessierte mich damals nicht, weil ich ihn in meiner überheblichen Unwissenheit für eine Vielgötterreligion ohne spirituellen Wahrheitsgehalt hielt. Wie sehr irrte ich doch!

Immerhin lernte ich an der Uni, dass man die heiligen Schriften nicht so zu verstehen braucht, wie es von den Kirchen gelehrt wird. Andere Möglichkeiten eröffneten sich mir; obwohl es dabei jeweils um historische Fakten ging, weitete dies meinen Horizont und es gelang mir dadurch später, empfänglicher zu sein für symbolische Interpretationen. Ich verwarf nicht mehr alles, was in der Bibel steht, pauschal als Legende oder Humbug. Als ich dann Jahre später den Büchern des Theologen und Psychoanalytikers Eugen Drewermann begegnete, entdeckte ich in den Evangelien eine völlig neue Welt. Nie zuvor hatte ich darüber aus solch einem psychologischen Blickwinkel gelesen; es berührte und beeindruckte mich zutiefst, wie sehr dabei der Mensch in seiner Verletzlichkeit und Suche nach Liebe in den Mittelpunkt gestellt wird, wie lebensnah und alltagsbezogen Drewermann die Schriften auslegt – mit Worten voller Mitgefühl, Wärme, Verständnis.

Schon davor hatte mich auch der Hinduismus wieder eingeholt. Durch einen Roman über eine europäische Frau in

→ Bhagavadgita:
siehe Glossar
Seite 203

Indien, die sich von der Bhagavadgita angezogen und berührt fühlte, erwachte mein Interesse an dieser heiligen Schrift. Ich kaufte sie zuerst in einer deutschen Fassung, und obwohl ich bei Weitem nicht alles verstand, ließ sie mich nicht mehr los. Immer wieder griff ich in den folgenden Jahren zu diesem Buch, das ich inzwischen auch in der poetischen englischen Version von Sir Edwin Arnold besaß. Doch erst als ich durch einen weiteren „Zufall" mit dem umfangreichen Werk von Sri Aurobindo bekannt wurde, erfasste ich die Weisheit der Gita, erkannte den Monotheismus in der indischen Philosophie – und fand endlich meine

→ Siehe auch
Seite 28

eigene lang ersehnte Wahrheit. Und kurz darauf begegnete ich dem Therapeuten, der mich lehrte, das Dasein zu meinem Lehrer zu machen und wahrhaft spirituell zu leben.

Er war es auch, der mich ermunterte, über Spiritualität im Alltag zu schreiben, worauf ich vor bald fünfzehn Jahren begann, die Schriftenreihe *Sonnwandeln* zu schreiben, die es seinerzeit nur in elektronischer Form gab. Es entstanden schließlich dreißig thematische Ausgaben, insgesamt über 600 Seiten. Den Namen *Sonnwandeln* wählte ich in der doppelten Bedeutung von *„auf dem sonnigen Lebensweg wandeln"* und *„sich zu einem sonnigen Gemüt wandeln"*.

In den letzten Jahren formte ich die Schriftenreihe in fünf gedruckte Bände um und überarbeitete sie bei dieser Gelegenheit gründlich. Die frühere Struktur habe ich jedoch beibehalten: Jedes Buchkapitel entspricht einer Ausgabe der Schriftenreihe und weist die gleichen Rubriken auf. „Einführende Gedanken" stellt eine Einleitung ins Thema dar und wirft auch Fragen auf, die ich dann in den weiteren Rubriken „Vertiefende Aspekte" und „Fragen & Antworten" konkret und alltagsbezogen behandle. Zu jedem Thema gibt es eine Aufgabe für die innere Entwicklung, ergänzt durch Vorschläge für Affirmationen, eine Imagination oder Meditation und unterstützende Heilsteine und Bach-Blüten.

Zum Schluss noch zwei klärende Bemerkungen: Ich duze dich, lieber Leser, weil wir alle Gefährten auf dem Weg zum Göttlichen sind – das Du empfinde ich als verbindend. Und ich verwende um der leichteren Lesbarkeit willen weder unnatürlich anmutende geschlechtsneutrale Formen noch das Anhängsel „Innen", sondern beschränke mich auf die männliche Form. Spirituelle Frauen stehen bestimmt über solchen Äußerlichkeiten.

Du hältst nun den letzten Band in Händen und ich hoffe, er möge dich eine Weile auf deinem spirituellen Weg begleiten und dir weiterführende Einsichten schenken. Ich wünsche dir bereichernde innere Erfahrungen.

August 2018

Auf dem Sonnwandeln-Weg

Die Sonnwandeln-Buchreihe bietet dir Anregungen zur Selbstveränderung, um spirituell zu wachsen und um das Leben freudiger und erfüllter zu gestalten. Im Mittelpunkt steht ein „sonniger" Pfad, auf dem du vor allem Selbstwertgefühl, Urvertrauen und Gleichmut aufbaust und stärkst. Dazu dienen die empfohlenen Aufgaben und Übungen. Deine neuen Erkenntnisse kannst du im alltäglichen Handeln, im Umgang mit deinen Mitmenschen, bei der Bewältigung von Herausforderungen und Krisen laufend umsetzen.

Das Konzept des Sonnwandeln-Weges beruht auf drei Grundsätzen:

• **Grenzenlose Spiritualität: Es gibt so viele Wege zum Göttlichen, wie es Menschen gibt.**

→ Das Göttliche: siehe Glossar Seite 204

Jeder von uns durchläuft einen eigenen spirituellen Prozess mit Herausforderungen und Chancen, zu lernenden Lektionen und entsprechenden Hilfen. Mit meiner Sonnwandeln-Reihe zeige ich undogmatisch Möglichkeiten der inneren Wandlung auf. Ich stütze mich dabei auf ein breites Fundament aus christlichen, jüdischen, islamischen, buddhistischen, hinduistischen Ansätzen und tradierter spiritueller Weisheit aller Zeiten und Weltgegenden, ebenso wie auf Psychologie und Philosophie.

Die absolute Wahrheit gibt es nicht auf der menschlichen Ebene. Und was für den einen ein gangbarer Weg ist, kann für den anderen nicht geeignet sein; was gestern undenkbar war, kann heute richtig sein und morgen überholt. Wahrscheinlich wird dich also nicht alles ansprechen, was du in diesem Buch liest, und nicht jeder darin beschriebene Entwicklungsschritt ist für dich gegenwärtig angesagt. Sei bei der Lektüre deshalb offen für Neues und Fremdes, horche aber zugleich in dich hinein, ob die Texte und Anregungen in dir eine Resonanz finden. Nimm an, was in dir anklingt, und lass bleiben, was für dich nicht stimmt.

• Spiritualität findet im Alltag statt.

Ich lehne eine Spiritualität, die sich auf Gebet und Meditation beschränkt oder einen Rückzug aus der Welt vorsieht, keineswegs ab – wie gesagt, es gibt so viele Wege zum Göttlichen... Mein Weg ist es allerdings nicht. Denn zu oft habe ich beobachtet, wie Menschen – ich eingeschlossen –, die sich für spirituell halten, weil sie stundenlang in Versenkung verweilen und Askese praktizieren, im Alltag dann ihren Ängsten erliegen, Wut, Eifersucht und andere niedere Triebe nicht im Griff haben, nur ein schwaches Selbstwertgefühl besitzen. Kurz: durch ihre Spiritualität das Leben nicht besser meistern und nicht zufriedener sind als unspirituelle Menschen.

→ Über meine prägende Erfahrung berichte ich in der Einleitung zu Band I

Ich glaube, dass das Leben selbst unser Lehrer ist und das Göttliche uns darin führt. *Im Alltag* sollen wir demnach spirituell wachsen und dabei auch glücklich sein. In jedem Augenblick unseres Lebens können wir uns durch den Umgang mit den Mitmenschen, mit den Herausforderungen, Krisen und Chancen weiterentwickeln und die spirituellen Eigenschaften erwerben, die uns der Einheit mit dem Göttlichen näherbringen – Loslassen des Ego, Gleichmut, Liebe und Selbstliebe, Freisein von Begehren, Angst und Anhaftung.

→ Ego: siehe Glossar Seite 203

• Es gibt einen sonnigen Weg durch das Leben!

Spiritualität ist nichts Asketisches, Weltfremdes, erfordert keinen Rückzug aus dem Dasein und stundenlanges Meditieren, wie es östliche Religionen zum Teil vermitteln. Ebenso wenig ist es nötig, sich in diesem Leben zu bescheiden, gar zu leiden, um im Jenseits die ewige Glückseligkeit zu erlangen, wie gewisse christliche Richtungen es nahelegen.

Nicht das äußere Leben ist der Maßstab für Spiritualität, sondern die innere Haltung. Wir dürfen und sollen alles Schöne dieser Welt genießen. Dazu wurde es doch erschaffen! Aber nicht daran hängen. Es nicht begehren, aber dankbar annehmen, wenn es uns geschenkt wird. Auf der anderen Seite: das sogenannt Leidvolle, Unangenehme, Verhasste nicht als solches betrachten, sondern gleichmütig akzeptieren im Bewusstsein, dass der göttliche Plan vollkommen ist und alles, was uns geschieht, einen Sinn hat.

16

Sobald wir gelernt haben, auf das Göttliche absolut zu vertrauen, uns ganz hinzugeben und führen zu lassen, wird unser Weg leicht, die Schatten verschwinden und wir wandern tatsächlich auf einem sonnigen Weg, ohne Furcht und Sorge, mit innerer Zufriedenheit. Das Paradies auf Erden ist unser angeborenes Recht: Es liegt aber an uns selbst, es in dieser Welt zu verwirklichen.

Tipps zum Umgang mit der Sonnwandeln-Reihe

Ich empfehle dir, die Bände in ihrer Reihenfolge zu lesen, ebenso wie die Kapitel innerhalb eines Bandes.

Lies jeweils ein Kapitel vollständig, bevor du mit der Aufgabe zur Selbstveränderung praktisch beginnst; vor allem in den Rubriken „Einführende Gedanken", „Vertiefende Aspekte" und „Fragen & Antworten" findest du die Grundlagen dazu. Mit der Aufgabe zur Selbstveränderung solltest du eine Weile arbeiten, ein paar Wochen, vielleicht sogar Monate, bevor du zur Aufgabe des nächsten Kapitels übergehst. Das Gleiche gilt für die zur Unterstützung empfohlenen Affirmationen, Bach-Blüten und Heilsteine.

Ich bin mir bewusst, dass sich tiefe Ängste und eingravierte Verhaltensmuster nicht in kurzer Zeit vollständig beseitigen lassen. Doch indem du dich wenigstens eine Zeit lang intensiv damit beschäftigst, setzt du eine Art Impuls, der im Unbewussten auch weiter wirkt, wenn du dich nicht mehr mit dem entsprechenden Thema befasst. Entscheidend ist dabei vor allem, dass du die Veränderung ernsthaft willst – dann wirkt eine höhere Kraft.

Geh mit der Aufgabe um, so gut du es kannst und für dich als sinnvoll spürst. Folge stets deiner Inneren Stimme und tue etwas nie, weil ein Buch es dir vorschreibt, sondern nur eigenverantwortlich und selbstbestimmt.

→ Innere Stimme: siehe Glossar Seite 204

Sei nie entmutigt, falls du meinst, nicht weiterzukommen, immer wieder über die gleichen Schwierigkeiten stolperst, denke nicht: „Ich schaffe es nie!". Entscheidend ist der Wille, das Ziel zu erreichen. Sag dir immer wieder: „Ich weiß, ich schaffe es!" Bemühst du dich ehrlich, so wird die Veränderung eintreten – aber vielleicht nicht dann, wenn du es gerne möchtest, sondern wenn für dich der richtige Augenblick gekommen ist.

Die vollständige, bedingungslose Hingabe an das Göttliche, unsere Ent-
scheidung, den spirituellen Weg über alles zu stellen, ihn als einzigen
Sinn und Ziel unseres Lebens zu wählen, erfordert keineswegs, dass wir
uns in ein Kloster zurückziehen und ein vergittertes Fenster uns von der
Welt trennt. Es bedeutet vielmehr eine innere Wandlung unseres Blick-
winkels, die überaus befreiend, alles andere als ein Gefängnis ist.

1. Absolute Hingabe oder Freizeitspiritualität?

Themen dieses Kapitels
• Wir können nicht zwei Herren dienen: Solange wir noch weltliche Ziele verfolgen, erlangen wir das Göttliche nicht • Voraussetzungen für die vollständige Hingabe • Die Entscheidung für den spirituellen Weg bedingt keinen Rückzug aus der Welt • Einem Lehrer folgen oder alles aus eigener Kraft schaffen?

Entwicklungsziel
Ich fasse bewusst den Entschluss, mein Dasein dem Göttlichen zu weihen, und lerne, mich ihm vollständig zu ergeben und in fortwährender Aspiration zu leben.
Ich erkenne, dass das Göttliche durch meine ausschließliche, bedingungslose Hingabe meinen spirituellen Weg ebnet und ich ihm näher und näher komme.

Die spirituelle Suche

In der heutigen Zeit sind viele Menschen auf der Suche nach einem spirituellen Sinn ihres Daseins, und zwar nicht nur diejenigen, die sich enttäuscht von dem seit der Kindheit praktizierten kirchlichen Glauben abwenden. Einige entdecken in Esoterik und Spiritualität einen neuen Anreiz, nachdem sie das Angebot unserer Vergnügungsgesellschaft bis zum Letzten ausgekostet haben und nicht mehr wissen, worauf sie sich noch einlassen sollen. Andere werden durch Krankheiten und Schicksalsschläge getrieben. Manche spüren aber einfach, dass dieses äußere Leben nicht alles sein kann, und wünschen sich mehr Tiefe.

All diese Suchenden finden etwas, das ihnen entspricht. Das Spektrum an Esoterischem, Metaphysischem, Parapsychologischem, Spirituellem war noch nie so vielseitig wie heute und dank der modernen Medien noch nie so leicht erreichbar. Doch manche Menschen „konsumieren" die Spiritualität, wie sie anderes konsumieren. Sie sind leicht zufriedenzustellen, solange man ihnen etwas gibt und sie nicht viel dafür tun müssen – außer vielleicht Geld zu bezahlen und ein bisschen Zeit zu investieren.

Dieses Phänomen zeigt sich nicht nur in diesem Lebensbereich. Sind wir krank, erwarten wir vom Arzt, dass er uns gesund macht; das ist wesentlich angenehmer, als selbst etwas für die Heilung tun zu müssen. Wir wollen eine Fremdsprache lernen – aber am liebsten im Schlaf, ohne Vokabeln und Grammatik zu pauken. Wir möchten schlank sein – doch nicht weniger essen und uns mehr bewegen, sondern lieber Light-Produkte verspeisen oder eine Fett abbauende Pille einnehmen. Verfolgen wir ernsthaft ein Ziel, beispielsweise ein berufliches oder sportliches, sind wir oft durchaus bereit, während einer begrenzten, absehbaren Zeitspanne etwas dafür zu leisten – doch selten geben wir *alles* im wahren Sinn des Wortes. Wir haben schließlich noch ein Privatleben, Hobbys, Interessen, ... Es ist wohl auch richtig, uns nicht ausschließlich auf einen einzigen dieser Bereiche zu konzentrieren. Was für den spirituellen Weg jedoch nicht gilt.

Wir können nicht zwei Herren dienen

Jesus formulierte es treffend: „Niemand kann zweier Herren Diener sein, denn entweder wird er den einen hassen und den anderen lieben [den einen bevorzugen auf Kosten des anderen], oder er wird dem einen anhängen und den anderen missachten. Ihr könnt nicht Gottes und des Mammons Knechte sein." Ferner sagte er: „Kümmert euch im Wesentlichen nur um das Königtum [Gottes] und sein rechtes Leben und dies alles [was ihr im Diesseits braucht] wird euch dazugelegt werden." Unser Weg zum Göttlichen lässt sich nicht als „Freizeitpfad" beschreiten: Kurse oder Gurus besuchen, meditieren, beten, heilige Schriften lesen – und auf der anderen Seite weltliche Ziele verfolgen. Meistens teilen wir nämlich unser Leben in die verschiedenen Bereiche auf und verwirklichen diese unabhängig und getrennt voneinander: Beruf, Partnerschaft/Liebe, Sport, Hobbys und eben auch die Spiritualität. Einmal widmen wir uns dem einen, dann einem anderen, schön abwechselnd und soweit es unsere Prioritätenliste zeitlich erlaubt.

→ Matthäus 6,24

→ Matthäus 6,33

Auf diese Weise können wir jedoch das „Königtum Gottes" nicht finden, sofern wir darunter nicht ein Paradies nach dem Tod verstehen, sondern die Gottesverwirklichung in diesem irdischen Leben. Dieses hohe Ziel erfordert unsere vollständige Hingabe, unsere ungeteilte Aufmerksamkeit und Willenskraft und unser ganzes Sein – mit einem geringeren Aufwand können wir es nicht schaffen.

Rückzug aus der Welt?

Das heißt nun nicht, das weltliche Leben für eine asketische Einsiedelei aufzugeben. Es ist nichts dagegen einzuwenden, ein glückliches Familienleben zu führen, Freude am Beruf zu haben und Freizeitaktivitäten zu pflegen. Die Wandlung ist eine innere, keine äußere. Wir müssen lediglich unseren Fokus und unsere Zielausrichtung ändern: Wir erklären das Göttliche zu unserem *einzigen* Ziel und nicht nur zu *einem* Ziel. Das bedeutet: Wir lassen alle weltlichen Ziele los. Die *Ziele* und die *Anhaftung* an die Welt, nicht das weltliche Leben an sich.

Betreiben wir lediglich Freizeit-Spiritualität, mag das gut zur Entspannung sein und unser Leben bis zu einem gewissen Grad bereichern und erleichtern. Doch das höchste Ziel, die Einheit mit dem Göttlichen, die Erlösung, die wahre Freiheit – und auch die *anhaltende* Zufriedenheit im Diesseits – erlangen wir nur durch die vollständige, bedingungslose Hingabe.

In Indien erklärt man diesen Sachverhalt mit einer netten Geschichte. Will man einen Affen fangen, so hängt man an einen Baum eine mit Süßigkeiten gefüllte Flasche, deren Hals gerade so weit ist, dass eine Affenhand knapp hindurch passt. Der Affe greift hinein, packt die Leckereien, aber die geschlossene Faust bekommt er dann nicht mehr durch den engen Flaschenhals. Er ist gefangen. Um die Freiheit zu erlangen, bräuchte er nur die Hand zu öffnen und die Süßigkeiten loszulassen – das tut er aber nicht. So ergeht es uns auch: Wir greifen nach weltlichen Objekten und sie halten uns gefangen, bis wir sie loslassen. Und zwar *vollständig* – behält der Affe auch nur ein einziges Stückchen in der Hand, kann er sie nicht aus der Flasche ziehen.

Die Voraussetzungen für die vollständige Hingabe an das spirituelle Leben

Ich habe dieses Thema nicht zufällig erst für diesen letzten Band der Sonnwandeln-Reihe vorgesehen. Diese vollständige Hingabe erfordert Urvertrauen, Selbstwertgefühl, Loslassen von Wünschen und Begehren, Gleichmut. Deshalb war es wichtig, vorher auf diese Themen vertieft einzugehen und sie im Alltag zu praktizieren. Aber auch jetzt bleiben sie wichtige Themen, denn es ist ein Kreis: Je mehr wir Urvertrauen, Selbstliebe, Gleichmut, Loslassen weltlicher Wünsche pflegen, umso leichter können wir uns dem Göttlichen hingeben. Und mit unserer größeren Hingabe erstarken diese Eigenschaften, bis das Urvertrauen bedingungslos und der Gleichmut unerschütterlich sind.

Keine Voraussetzung für die Hingabe an das Göttliche ist demgegenüber der Glaube an irgendwelche religiöse Doktrinen, Dogmen, Gebote, Verbote. Im Gegenteil, diese sind meistens sogar hinderlich, weil sie einschränken, in vorgespurte Bahnen lenken, begrenzen und dadurch die Bedürfnisse und den Weg der individuellen Seele weder berücksichtigen noch zulassen. Als hätte nicht das Göttliche selbst die Vielfalt an spirituellen Möglichkeiten eröffnet! Es gibt so viele Wege zum Göttlichen, wie es Menschen gibt, und jeder muss seinen eigenen entdecken und ihm folgen.

Auch die Liebe zum Göttlichen, also diese Verzückung der Mystiker, die im indischen Bhakti-Yoga und im islamischen Sufismus als unerlässliche Voraussetzung gilt, ist oft nicht von Anfang an vorhanden, wenn wir uns der Spiritualität zuwenden. Dies halte ich für absolut normal, ist uns das Göttliche doch noch unbekannt und fern. Mit zunehmender Hingabe und dem Voranschreiten auf dem Weg entfaltet sie sich dann und wird mit der Zeit immer tragender. Wobei es ebenfalls Richtungen gibt, die ohne dieses Element auskommen, beispielsweise der Jnana-Yoga (Yoga der Erkenntnis), der eher auf einer intellektuellen Grundlage fußt.

→ Bhakti-Yoga (Yoga) und Sufismus: siehe Glossar Seite 206

→ Jnana-Yoga (Yoga): siehe Glossar Seite 206

* * *

Warum die Entscheidung zur vollständigen Hingabe nicht den Rückzug aus dem Weltlichen erfordert – obwohl wir doch nicht zwei Herren dienen können

Die vollständige Hingabe bedingt eine Veränderung der inneren Einstellung, nicht der äußeren Situation. Es gibt zwar auch die Möglichkeit des vollständigen Rückzugs in ein geschlossenes Kloster oder eine Einsiedelei, doch diesen Weg können und wollen die wenigsten beschreiten. Der überwiegende Teil der Menschheit wird, früher oder später, den Weg durch den gewöhnlichen Alltag wählen und das Göttliche in allem suchen und entdecken.

„Nicht zwei Herren dienen" bedeutet, die Bande (oder vielmehr die Ketten), die uns an das Weltliche fesseln, an Familie, Freunde, Haus und Besitz, Lust und Vergnügen, zu durchtrennen – *innerlich* zu durchtrennen. Wir haften nicht mehr an Materiellem im weitesten Sinne, wir leben nicht mehr für Weltliches, sondern einzig und allein für das Göttliche. In der äußeren Welt brauchen wir jedoch nichts von alledem aufzugeben. Dazu gibt es eine hübsche indische Geschichte.

→ Siehe auch „Sinnbildlich", Seite 27

Shuka Deva wollte sich auf die Suche nach einem Guru machen und wurde von seinem weisen Vater zu König Janaka geschickt. Als der junge Schüler im prunkvollen Palast ankam und den König auf einem mit Edelsteinen besetzten Thron sitzen sah, während Diener ihm die erlesensten Speisen brachten, zweifelte er daran, dass jemand, der sich mit so viel Reichtum umgab, ein guter spiritueller Lehrer sein könnte. Janaka, der dessen Gedanken las, bat den Schüler, sich zu ihm zu setzen, schickte alle Diener weg und versank augenblicklich in tiefer Meditation. Die Stunden vergingen, ohne dass der König sich rührte, während Shuka Deva unruhig wurde und langsam Hunger verspürte.

Plötzlich stürmte ein Bote herein und rief: „Die ganze Stadt steht in Flammen, bald erreichen sie den Palast!"

Janaka sandte ihn weg mit den Worten: „Stör mich nicht! Siehst du denn nicht, dass ich gerade im Göttlichen weile?"

Shuka Deva war verunsichert, dennoch blieb er beim König sitzen. Kurz darauf erreichten die Flammen den Thronsaal und fraßen sich bereits durch Shuka Devas Bücher, die er neben sich auf den Boden gelegt hatte.

Janaka nahm keine Kenntnis davon und rührte sich nicht. Da verlor der Schüler die Nerven und begann, mit seinem Mantel die Flammen zu ersticken, damit seine wertvollen Bücher keinen Schaden nahmen.

Der weise König lächelte und mit einem einzigen Handzeichen befahl er den Flammen zu erlöschen. Dann sagte er zu Shuka Deva: „Du dachtest, ich sei im Materiellen verhaftet. Aber sieh dich an! Du hast dem Schutz des Göttlichen nicht vertraut, um ein paar Bücher zu retten, während ich keinen einzigen Gedanken an mein brennendes Königreich verschwendet habe."

Die Hingabe an das Göttliche äußert sich nicht darin, der Welt zu entsagen – ich brauche nicht daran zu erinnern, dass es hinter Klostermauern zuweilen gar nicht asketisch zugeht –, sondern in der Nicht-Anhaftung. Ferner darin, das Göttliche in allem Weltlichen zu erkennen. Sehen wir es in jedem Wesen und in allen Dingen, in allem Existierenden, auch in uns selbst, so ist die Trennung zwischen der Welt und dem Göttlichen aufgehoben.

→ Vergleiche Kapitel 4 in Band IV; Info siehe Seite 210

Der Weg zu dieser Einheit führt über das Loslassen des eigenen Ego mit seinem Streben nach weltlichen Zielen und seinen Bindungen (oder Fesseln) an Menschen und Dinge.

→ Ego: siehe Glossar Seite 203

* * *

Was wir konkret in unserem Leben ändern müssen, wollen wir uns dem Göttlichen ganz hingeben

Vollständige Hingabe bedeutet: Wir tun nichts, was uns vom Göttlichen entfernt, und wir tun alles, was uns dem Göttlichen näherbringt – zumindest streben wir es mit unserer ganzen Willenskraft an. Wie Bruder Klaus sagte: „Mein Herr und mein Gott, nimm alles von mir, was mich hindert zu dir. Mein Herr und mein Gott, gib alles mir, was mich fördert zu dir. Mein Herr und mein Gott, nimm mich mir und gib mich ganz zu Eigen dir."

Was ist es denn, was uns vom Göttlichen entfernt? Unser Ego mit allem, was dazu gehört, in erster Linie die Ängste und die Wünsche. Diese sind immer ein Hinweis auf eine noch bestehende Anhaftung und verraten uns, dass wir noch ein anderes Ziel außer dem Göttlichen verfolgen.

→ Vergleiche zum Urvertrauen Kapitel 1 in Band II und zu den Wünschen Kapitel 3 in Band IV; Info siehe Seiten 208 und 210

Spreche ich von Ängsten, sind darin sämtliche Ängste eingeschlossen, von den elementarsten, wie einer Spinnenphobie, bis zur endgültigsten, nämlich der Angst vor dem Tod. Solange wir uns vor *irgendetwas* fürchten, beweisen wir, dass wir dem Göttlichen noch nicht vollständig vertrauen, nicht bereit sind, alles anzunehmen, was uns gegeben wird. Das Gleiche gilt für die Wünsche, weil wir dann offenbar noch nicht glauben, dass wir alles bekommen, was wir brauchen und uns guttut. Beide stehen also im Widerspruch zum Urvertrauen.

Schließlich will ich noch eine hinderliche Eigenschaft ansprechen, die wir auf dem Weg zur vollständigen Hingabe hinter uns lassen werden: die Leidenschaft, nicht zu verwechseln mit der Hingabe. Die Leidenschaft ist nämlich mit Anhaftung verbunden: Dinge, die wir leidenschaftlich lieben oder tun, würden wir vermissen, wenn sie nicht mehr wären. Leidenschaft soll durch Gleichmut ersetzt werden: Wir dürfen und sollen uns an allem erfreuen, aber nicht mit diesem übertriebenen Überschwang, und stets bereit sein, es aufzugeben und nicht herbeizusehnen.

→ Vergleiche Kapitel 4, Seiten 125ff.

Um dem Einwand zuvorzukommen, den ich mitunter höre: Ja, auch ohne Leidenschaft ist das Leben keineswegs freudlos und langweilig! Im Gegenteil, die innere Ruhe und die tiefe, erfüllende Zufriedenheit, die aus dem Gleichmut und dem Urvertrauen erwachsen, sind tausendfach beglückender als die Leidenschaft. Worte vermögen diesen Zustand nicht zu beschreiben, ich kann nur sagen: provare per credere – es selbst versuchen, um es zu glauben.

König Janakas Öllampen
Eine indische Geschichte

Janaka war ein berühmter König und weiser Heiliger im alten Indien. Es gibt viele Geschichten über ihn. Eines Tages stellte er seinem spirituellen Schüler Shuka Deva eine bis zum Rand gefüllte Öllampe auf jede Handfläche und hieß ihn in jeden Raum des Palastes gehen, bis in die hintersten Winkel. „Komm erst wieder zu mir, wenn du alles gesehen hast. Du darfst dabei aber keinen einzigen Tropfen Öl verschütten,“ wies er ihn an. Er schickte zwei Diener mit, die fortwährend Öl nachfüllten, kaum hatte die Flamme ein wenig davon verbraucht.

Nach mehreren Stunden stand Shuka Deva triumphierend wieder vor Janaka. Er hatte tatsächlich, so schwierig es auch war, kein bisschen Öl auf die kostbaren Teppiche und Böden träufeln lassen.

„Erzähle mir also, was du alles gesehen hast“, forderte ihn der König auf. Der Schüler erwiderte verdutzt: „Meister, ich war so darauf konzentriert, kein Öl zu verschütten, dass ich auf nichts anderes geachtet habe!“

Janaka schaute ihn ernst an und sagte: „Du hast deine Aufgabe nicht erfüllt. Ich hatte dir doch aufgetragen, alles in meinem Palast zu sehen! So nimm die Lampen und geh nochmals los, aber pass auch wieder auf, kein Öl zu verlieren, während du sorgfältig alles betrachtest.“

Diesmal dauerte es viel länger, bis Shuka Deva von seinem Rundgang zurückkehrte. Er hatte kein Öl ausgeleert und konnte alle Fragen des Königs beantworten, selbst über die unbedeutendsten Details des Palastes.

Der weise Janaka lächelte zufrieden: „Siehst du, man kann ein auf Gott konzentriertes Leben führen und dennoch seine alltäglichen Pflichten nicht vergessen. So sollst du deine ganze Achtsamkeit auf Gott richten, kein bisschen deiner Sehnsucht nach ihm wegfließen lassen, und dennoch deine Aufmerksamkeit der Welt zuwenden und deine Aufgaben in ihr erfüllen.“

Wie ist der Gegensatz „vollständige Hingabe/Freizeitspiritualität" genau zu verstehen?

Ich kann mir gut vorstellen, dass manche Leser diesen Gegensatz nicht genau nachvollziehen können, war er mir früher doch auch nicht bewusst. Vielleicht trägt meine Erfahrung, wie ich von der Freizeitspiritualität zur vollständigen Hingabe fand, zu einem besseren Verständnis bei.

Kurz nach dem Tod meines Lebenspartners, ich war 37, begegnete ich einer weisen Frau, die mir innerhalb weniger Wochen half, meinen riesigen Schmerz in Frieden und Zuversicht zu verwandeln.

Ich öffnete mich dem Leben in einer Art und Weise, wie ich es früher nicht gekannt und gekonnt hatte. (Man muss wissen, dass ich von Kind an bis dahin extrem schüchtern, introvertiert und ohne Selbstwertgefühl war.) Der Tod meines Partners brachte wie von selbst, ohne mein bewusstes Dazutun, eine Verwandlung mit sich: Ich lernte viele neue Leute kennen und genoss sorgenlos, trank beispielsweise wieder Alkohol, was ich jahrelang vermieden hatte, und widmete mich intensiv dem Fallschirmspringen. Ich war in diesem „neuen" Leben glücklicher denn je.

Damals bekannte ich mich bereits seit einem Jahrzehnt zum Buddhismus, doch in der glücklichen Zeit mit meinem Partner hatte die Spiritualität zuweilen geschlummert, sie lag in meiner Prioritätenliste etwas weiter hinten. Nun begann ich wieder, täglich lange zu meditieren, und erklärte die „Erleuchtung" erneut zum Sinn meines Daseins. Dennoch überkam mich von Zeit zu Zeit das Gefühl, etwas stimme nicht, etwas fehle, ich bemühe mich zu wenig um die Erleuchtung. Es war ein Spüren mehr als ein Gedanke, ich konnte es nicht einordnen und wusste nicht, was ich hätte ändern sollen, denn schließlich widmete ich der Meditation viel Zeit.

→ Mehr darüber erzähle ich in meinem Buch „Karma Yoga"; Info siehe Seite 213

Dann, etwa ein Jahr nach dem Tod meines Partners, lernte ich einen spirituellen Therapeuten kennen, wir wurden Freunde. Er sprach mit mir über Selbstliebe, Ängste, Urvertrauen, Ego, Willenskraft und vieles andere, mit einer Logik und Klarheit und einem Alltagsbezug, wie ich es bis dahin nie gehört oder gelesen hatte. Oft trafen seine Worte so direkt in mein Innerstes, dass mir die Tränen kamen. Und er bezog Gott ganz selbstverständlich in seine Belehrungen ein, was ich als Buddhistin gar nicht hören mochte.

Einmal erklärte ich ihm, ich glaubte nicht an Gott. Er erwiderte: „Der göttliche Funke ist in jedem von uns und wartet darauf, entzündet zu werden. Wenn du heute Abend zu Gott sagst, er soll ihn in dir zu einem Feuer auflodern lassen, so wird es geschehen." Verwirrt ging ich nach Hause. Diese Worte hatte ich schon einmal gehört, vor vielen, vielen Jahren, wie ich als Teenager manchmal in einem christlichen Zentrum verkehrte – nicht wegen der Religion, ich nannte mich damals Atheist, sondern weil man da spätabends noch hingehen konnte, nachdem alle Lokale schon geschlossen hatten, und man immer etwas zu essen und zu trinken bekam. Als Preis musste man lediglich ein paar Bekehrungsversuche über sich ergehen lassen.

Ich holte mein Tagebuch aus der damaligen Zeit hervor und fand die gesuchte Stelle sofort: „... manchmal wäre es schön, Christ zu sein, aber dieses Leben bringt zu viele Verzichte mit sich, sodass ich es lieber bleiben lasse. Ich wehre mich mit all meinen Kräften dagegen, bekehrt zu werden, ja ich fürchte mich richtig davor. Ich liebe mein jetziges Leben, und ich bin glücklich. Irgendwie fühle ich aber, dass ich eines Tages von Gott gerufen werde, und dann ist es um mich geschehen. Ein Christ hat mir gestern gesagt, ich soll Gott eine Chance geben, ich soll mit ihm sprechen. Bisher habe ich es nicht gewagt, ich fürchte mich davor, weil ich weiß, Gott würde mich rufen. Ich weiche Gott aus, und jetzt erst, gerade in diesem Moment, merke ich, dass mein Leben ohne Gott gar nicht so leicht ist: Wäre ich *wirklich* Atheist, dann ginge ja alles gut; aber ich weiß, es gibt einen Gott, ich flüchte nur vor ihm, ignoriere ihn..."

Als ich das las, war ich tief betroffen, ich hatte vergessen, in welcher Deutlichkeit ich diesen Konflikt damals schon erlebt hatte. Ich erkannte schlagartig, dass ich nie aufgehört hatte, an ein Höheres zu glauben, und dass selbst die buddhistische Negierung des Göttlichen nichts anderes ist als die entgegengesetzte Möglichkeit, das Unbeschreibliche zu beschreiben: Es ist Alles – Es ist Nichts.

Mit unendlicher Erleichterung fühlte ich, was mir die ganze Zeit gefehlt hatte, und dass ich mich jetzt dazu entscheiden musste, die Verwirklichung meiner Göttlichkeit zu meinem *einzigen* Lebensziel zu machen – nein, entscheiden musste ich eigentlich nichts mehr, es war in dem Moment bereits für mich entschieden worden, ich konnte nur noch Ja dazu sagen und diesem Halbe-Halbe, ein bisschen spirituell, ein bisschen weltlich, ein Ende setzen. Da war kein Zweifeln, kein Zögern, nur die absolute Sicherheit, mich dem Göttlichen ganz hinzugeben, ihm mein Leben zu weihen, mein ganzes Sein in seine Hände zu legen. Äußerlich veränderte ich vorerst nichts, ich genoss weiterhin das Fallschirmspringen mit allem, was dazugehörte.

Der Unterschied zwischen totaler Hingabe und „ein bisschen weltlich, ein bisschen spirituell" liegt also nicht an der äußeren Lage, sondern an der *inneren Empfindung*. Sich dem Göttlichen hingeben heißt, eine Verpflichtung eingehen, sich festlegen, vollständig und ausschließlich einlassen. Ein Beispiel dafür ist die Profess des Mönches, der nach dem Noviziat diesen Weg und *nur* diesen Weg geht, mit allem, was dazugehört, und nicht nur einer Auswahl an Pflichten nachkommt wie jeder andere Gläubige.

→ Profess: siehe Glossar Seite 206

Wir können die Diskrepanz zwischen Freizeitspiritualität und vollständiger Hingabe auch vergleichen mit dem Unterschied zwischen Konkubinat und Ehe. Leichthin sagt man immer, es sei das Gleiche, entscheidend sei doch die Liebe und die gelebte Beziehung. Doch das trifft nicht ganz zu. Bei der Eheschließung gehen wir einen Schritt weiter, indem wir uns ausdrücklich zum Partner bekennen und es öffentlich bekunden; wir stehen zu ihm und zur Beziehung in vorbehaltloserer, unbegrenzterer, verbindlicherer Weise, ohne offenes Hintertürchen wie beim Konkubinat.

*   *   *

Woran erkennen wir, ob wir uns dem Göttlichen tatsächlich vollständig hingegeben haben?
Das wissen wir einfach. Solange wir daran zweifeln und uns diese Frage stellen, gibt es irgendwo in uns noch einen Vorbehalt. Wobei niemand, den ich kenne, ich eingeschlossen,

von sich behaupten kann, seine Hingabe sei *faktisch* vollständig. Es handelt sich immer um eine *willentlich* vollständige Hingabe, um ein Bekenntnis: „Du Göttliches allein bist mein Ziel und auf dich richte ich all mein Streben und all mein Bemühen. Ich will nur dich, ich habe keine anderen Wünsche. Ich nehme an, was immer du mir gibst, und deine Hilfe erkenne ich darin, dass ich dir näherkomme." Faktisch haben wir aber unser Ego mit all seinen Ängsten und all seinen Wünschen noch nicht überwunden, in manchen Situationen mangelt es uns an Urvertrauen, an Mut, an Selbstwertgefühl und mehr.

Es hilft jedoch nicht, allzu viel darüber nachzudenken. Denn schlussendlich treffen nicht wir selbst die Entscheidung zur vollständigen Hingabe, sondern das Göttliche trifft sie für uns, wenn der richtige Moment gekommen ist. Dann haben wir gar keine Wahl mehr. Zuvor brauchen wir nur offen dafür zu sein und sie zu ersehnen. Irgendwann werden wir dann wissen, dass wir zumindest mit der Willenskraft und dem Herzen Ja zum Göttlichen gesagt haben.

*   *   *

Manchmal finden wir es unverständlich, wie Menschen, die von sich behaupten, „gläubig" zu sein, sich im Alltag nicht um ihren Glauben und Gott scheren und lügen, betrügen, hassen... Wie ist dieser Widerspruch zu erklären?
Es liegt zum einen daran, dass die Konsequenzen eines „sündigen" Verhaltens nicht *unmittelbar* erfahrbar sind. Dies trifft in vielen Bereichen zu, nicht nur im religiösen/ spirituellen.

Ein Beispiel: Stecken wir die Hand in einen Bienenstock, um in den Genuss von Honig zu kommen, werden wir auf jeden Fall und augenblicklich gestochen und es tut sofort weh. Anders wenn wir rauchen: Es besteht dann zwar die Möglichkeit, irgendwann an Lungenkrebs zu erkranken, es ist jedoch nicht hundertprozentig sicher und es liegt in unbestimmter, ferner Zukunft, sodass wir uns den Genuss der Zigarette dadurch nicht vermiesen lassen. Würde jeder Zug unmittelbar richtig wehtun, gäbe es bedeutend weniger Raucher. Genauso verhält es sich mit dem Glauben:

Belohnung und Strafe, so es sie denn gibt, sind nicht sofort spürbar.

Zum anderen, und das ist der gewichtigere Grund, dominiert auch bei gläubigen Menschen das Ego mit seinen Ängsten und Wünschen über die Seele und führt zu Lüge, Betrug, Hass und allem anderen Egoischen.

→ Egoisch: siehe Glossar Seite 204

* * *

Ist es tatsächlich unmöglich, die Erleuchtung zu erlangen, wenn der spirituelle Weg nur ein Bestandteil unseres Lebens ist und wir folglich Familie, Beruf, Freizeit nicht vernachlässigen?

Davon ausgehend, dass die innere Entwicklung, Vervollkommnung, Erleuchtung, Gottesverwirklichung (oder wie man es bezeichnen mag) der Sinn des Lebens ist, kann es tatsächlich kein ebenbürtiges Ziel geben, alles andere ist unterzuordnen. Daher kann der spirituelle Weg nicht einfach *ein* Bestandteil unseres Lebens unter vielen sein. Zumal eine egoische Lebensweise, wie sie in der Gesellschaft vorherrscht und für nötig gehalten wird, um im Alltagsleben zu bestehen und Erfolg zu haben, offensichtlich nicht kompatibel ist mit spirituellen Ansprüchen. Wie könnten wir uns als spirituelle Menschen gegen die Kollegen durchboxen, um beruflich Karriere zu machen?

→ Zum Sinn des Lebens siehe Kapitel 1 in Band I; Info Seite 207

Erklären wir die Spiritualität zum *einzigen* und nicht nur zu *einem* Ziel, dann verläuft unser Leben vielleicht anders, als wir es uns vorgestellt hatten, aber bestimmt nicht weniger glücklich. Im Gegenteil, möglicherweise erlangen wir gerade dadurch Dinge, die wir uns nie erträumt hätten.

Was Familie, Beruf und Freizeit betrifft: Wir sollen sie nicht vernachlässigen. Wir können und dürfen, müssen sogar, in dieser Welt leben, mit beiden Füßen auf der Erde, und Freude daran haben – bloß zum Ziel machen sollen wir das Weltliche nicht. Kümmern wir uns nur um unseren Weg zum Göttlichen, alles andere wird uns gegeben, und zwar genau in dem Maße und zu dem Zeitpunkt, wie es für uns gut und richtig ist.

→ Vergleiche Seite 21

Ob wir die Erleuchtung erlangen, und wann und wie, liegt allerdings einzig in der Hand des Göttlichen. Die menschlichen Vorstellungen von Gerechtigkeit und Gesetzmäßigkeiten sind dabei belanglos. Wichtig ist bestimmt, dass wir uns unserem Wissen und unseren Kräften entsprechend bemühen, wie es Jesus in der Parabel über die Talente erklärt: „Es ist wie bei einem Mann, der außer Landes gehen wollte: Er rief seine Knechte und übergab ihnen sein Vermögen; dem einen gab er fünf Talente, dem anderen zwei, einem anderen eines, jedem nach seiner Fähigkeit; dann ging er außer Landes. Sogleich machte sich der Empfänger der fünf Talente auf, trieb Handel mit ihnen und gewann weitere fünf dazu. Ebenso gewann der mit den zwei Talenten weitere zwei dazu. Der Empfänger des einen aber ging fort, grub die Erde auf und versteckte das Geld seines Herrn." Als der Mann zurückkam, lobte er die ersten beiden Knechte, denn aus dem, was ihnen zur Verfügung stand, hatten sie etwas gemacht; den dritten aber schalt er, denn er hatte sein Talent brachliegen lassen. Es geht also nicht darum, möglichst viel in möglichst kurzer Zeit zu erreichen, sondern einfach das, wozu jedem einzelnen von uns die Fähigkeit gegeben ist. Sei es nun vollständige oder erst teilweise Hingabe.

→ Matthäus 25,14-30; vergleiche dazu auch Kapitel 5 in Band IV; Info siehe Seite 210

*   *   *

„Selbst etwas tun und nicht einfach konsumieren" – bedeutet das, man soll auch keinem Lehrer folgen, sondern müsse alles aus eigener Kraft erreichen?
Es gibt keinen anderen Weg, als alles aus eigener Kraft zu erreichen. Jeden Schritt zum Göttlichen müssen wir selbst tun, niemand kann uns auch nur einen abnehmen oder uns tragen, außer das Göttliche durch seine Gnade. Was hingegen nicht bedeutet, wir dürften nicht einem „Wegbereiter", jemandem, der diesen Weg für uns gewissermaßen vorgespurt hat und ihn deshalb kennt, folgen. Gehen müssen wir den Pfad also selbst, aber wir brauchen nicht jeden Schritt durch den Dschungel zu suchen und mit der Machete frei zu schlagen. Es ist wie wenn der Arzt uns sagt, wir sollen uns mehr bewegen: Es ist sinnvoll, einen Fachmann zu konsultieren und seinen Rat zu befolgen, doch den Sport kann er uns nicht abnehmen, schwitzen müssen wir selbst.

→ Diese Aussage steht auf Seite 20

→ Siehe auch nächste Frage

Welchem Menschen oder welcher Lehre wir folgen, was wir für uns annehmen und was wir ablehnen, sollen wir jedoch frei entscheiden und stets nur tun, was wir als richtig spüren.

* * *

Gibt es auf dem „esoterischen Markt" Hilfsmittel und Praktiken, die auf dem spirituellen Weg weiterhelfen, oder ist alles Humbug?

Alles bringt uns dem Göttlichen näher, das ist schließlich der Sinn des Lebens auf dieser Erde, alles was wir tun, alles was wir lassen, jeder Weg und auch jeder Umweg. Manchmal müssen wir durch eine Erfahrung hindurch, um Erkenntnisse daraus zu ziehen – und sei es nur um zu lernen, dass wir es besser hätten bleiben lassen. Die Mutter kann dem kleinen Kind hundert Mal sagen, das Bügeleisen sei heiß, es soll es nicht anfassen: Manche Kinder müssen es tatsächlich selbst ausprobieren, um es zu glauben. Besser gesagt: nicht, um es zu glauben, das tun sie wohl, aber um zu wissen, wie es sich anfühlt, weil sie es sich nicht theoretisch vorstellen können. So geht es uns Erwachsenen auch oft. Wir schlagen alle Warnungen in den Wind und müssen etwas am eigenen Leib erfahren. Es ist auch nicht von vornherein gesagt, dass sich die Warnungen als richtig erweisen:

→ Vergleiche Kapitel 5 in Band I und Kapitel 1 in Band II; Info Seiten 207/208

Vergessen wir nie, dass die Ergebnisse des Handelns nicht Gesetzmäßigkeiten folgen und somit – so voraussehbar sie auch scheinen mögen – nicht mit Sicherheit voraussagbar sind. Das Göttliche allein bestimmt, was aus unseren Taten entsteht.

Das trifft auch für Hilfsmittel und Praktiken zu, die angepriesen werden, um uns zur Erleuchtung, zu einem zufriedeneren Leben, zu uns selbst zu führen. Abgesehen davon, dass es welche gibt, die uns jeweils in einer bestimmten Phase unserer Entwicklung tatsächlich weiterbringen können, begeben wir uns in der Regel auch nicht in Gefahr, folgen wir einmal einem sogenannten Scharlatan – vorausgesetzt unsere Hingabe an den spirituellen Weg an sich ist ehrlich. Wir werden vom Göttlichen auch aus dieser Situation wieder hinausgeführt. Wichtig ist dabei, auf die Innere

Stimme zu hören: Solange es für uns stimmt (und wir nicht jemandem oder etwas folgen aus Angst oder anderen egoischen Motiven), ist es offenbar im Augenblick die richtige Erfahrung, um uns zu neuen Einsichten zu verhelfen.

Allerdings gibt es einfache Grundregeln, die wir beachten können, um uns nicht blind in Abenteuer zu stürzen. Wir sollten misstrauisch werden, wenn man uns missionarisch bekehren will, der freie Wille und die Entscheidungsfreiheit eingeschränkt werden, falls wir Intoleranz und allein seligmachenden Ansprüchen begegnen und meistens auch bei unverhältnismäßig hohen Kosten.

*　*　*

Wie soll die vollständige Hingabe konkret funktionieren, wenn wir eine Familie haben, für die wir sorgen müssen und die ein Ziel und Sinn unseres Lebens ist und bleibt?
Warum legen wir die Familie und die Sorge um sie nicht in die Hände des Göttlichen? Es steht nicht in unserer Macht, für sie zu sorgen. Unserer Familie wird es in jedem Augenblick so ergehen, wie der göttliche Wille es für sie bestimmt, egal was wir selbst für sie anstreben. Wie viele Väter verlieren trotz all ihres Bemühens die Arbeitsstelle oder verunfallen schwer oder sterben, sodass deren Familien deshalb durch schwierige Zeiten hindurch müssen?

→ Zur Verantwortung für andere vergleiche u. a. Kapitel 3 in Band I und Kapitel 1 in Band II; Info siehe Seiten 207/208

Das bedeutet keinesfalls, dass wir alles schlittern lassen, die Hände in den Schoß legen mit dem Gedanken, das Göttliche werde schon für unsere Lieben sorgen. Wir tun, was unsere Aufgabe ist: Geld verdienen, um für ihren Unterhalt zu sorgen, uns um sie kümmern, für sie da sein, ihr unsere Liebe schenken, … Doch unser *Ziel* darf es nicht sein. Das Ziel ist das Göttliche. Was wir tun, tun wir nicht für die Familie, sondern für das Göttliche allein.

→ Vergleiche Aufgabe zur Selbstveränderung von Kapitel 4 in Band I und die Sinnbildlich-Geschichte von Kapitel 2 in Band III; Info Seiten 207/209

Es ist ein subtiler Unterschied. Wie ich schon erläutert habe, brauchen wir nichts am äußeren Verhalten zu ändern: Wir arbeiten, widmen uns der Familie. Nur die *innere* Haltung ist anders. Anstatt die Bürde und Sorge selbst zu tragen, geben wir die Verantwortung für uns selbst und unsere Lieben ab. Wir tun wohl, was wir können und als richtig spüren, und zwar so gut wie möglich, doch wir sind

→ Siehe Seite 24

→ Vergleiche die Geschichte von Abraham in Kapitel 2 von Band III; Info siehe Seite 209

uns bewusst, dass daraus entsteht, was das Göttliche will, und sind bereit, es anzunehmen. Und irgendwo, ganz tief in uns drinnen, sollten wir auch bereit sein, gleichmütig auf alles – also auch auf die Familie – zu verzichten, sollte das Göttliche es eines Tages so wollen.

* * *

Wenn wir gläubige Christen, Juden, Muslime, … sind, einer Kirche angehören, regelmäßig die Gottesdienste besuchen, uns gemeinnützig betätigen, nach Gottes Geboten zu leben versuchen – ist das vollständige Hingabe?
Ich will an dieser Stelle klar aussprechen, dass ich *jeden* spirituellen Weg achte. Wir können niemanden zu etwas bekehren, denn jeder Mensch kann nur das glauben, was er in sich spürt, was in ihm anklingt.

Wichtig ist, dass wir offen bleiben für andere Überzeugungen und nicht alles, was nicht der eigenen Glaubensdoktrin entspricht, a priori ablehnen. Unabhängig davon, ob wir einer Religion angehören oder einen persönlichen spirituellen Weg gewählt haben, befinden wir alle uns im Prozess zum Göttlichen hin, das ist der Sinn des Lebens. Somit stehen uns bestimmte Schritte bevor, wobei wir die notwendigen Wegweiser dazu überall finden. Sich ihnen zu verschließen in der überheblichen Überzeugung, bereits den allein seligmachenden Glauben gefunden zu haben und angekommen zu sein, halte ich für hinderlich – genauso hinderlich, wie wenn wir uns auf unnötige Um- oder Irrwege begeben, weil wir unkritisch alles aufnehmen.

→ Vergleiche Kapitel 1 in Band I; Info siehe Seite 207

In diesem Sinn kann nur jeder selbst entscheiden, ob seine Lebensweise der vollständigen Hingabe an das Göttliche entspricht – dieses Urteil steht keinem anderen zu.

* * *

Bedingt die Entscheidung für das spirituelle Leben nicht doch, dem Vergnügen, der Lebensfreude und allem, was Spaß macht, entsagen zu müssen?
Solange Entsagung für uns bedeutet, schweren Herzens auf etwas zu verzichten, was wir im Grunde genommen nicht

aufgeben möchten, wir also gewissermaßen *ein Opfer bringen*, ist sie sinnlos. Es ist besser, seinem Verlangen nachzugeben, als auf etwas zu verzichten und dabei die ganze Zeit
daran zu denken, wie schön es doch wäre, wenn…

→ Vergleiche
Kapitel 3 in
Band IV; Info
Seite 210

Vollständige Hingabe an das Göttliche geschieht mit Freude, aus tiefster Überzeugung – nicht unter einem inneren
oder äußeren Zwang. Ist die Entscheidung, den spirituellen
Weg nicht mehr „hobbymäßig", sondern als einziges Lebensziel zu beschreiten, gefallen, wird vieles, was wir vorher schätzten, immer bedeutungsloser und wir lassen es
mehr und mehr fallen. Es ist somit *kein Opfer*, vielmehr
eine natürliche Entwicklung; dass dabei gewisse sogenannte Vergnügen und Tätigkeiten, die uns einst Spaß machten,
auf der Strecke bleiben, ist eine logische Folge der Hingabe,
nicht die Bedingung dafür.

→ Vergleiche
Kapitel 4,
Seiten 125ff.

Dieser vermeintliche Verzicht ist aber in der Tat eine Be-
fürchtung vieler Menschen, seinerzeit auch meine, wie ich
auf Seite 29 erzählt habe, und oft genau das, was uns noch
von diesem Weg abhält. Viele Menschen stellen sich das spirituelle Leben eintönig und farblos vor, ohne Lebensfreude.
Das Gegenteil ist der Fall, das darf ich aus eigener Erfahrung bestätigen. Denn was könnte spannender sein, als den
Alltag mit wahrhaft offenen Augen zu leben und die Wirklichkeit zu schauen? Was bereichernder, als ein Ziel ins
Auge zu fassen, das schwer zu erreichen ist und folglich
nicht ständig durch neue Ziele und Anreize ersetzt werden
muss? Was bringt uns mehr Lebensqualität und Lebensfreude, als die belastende Verantwortung für das Dasein an
ein Höheres, das uns lenkt und führt, abzugeben und nur
noch sorglos zu genießen?

→ Vergleiche
Kapitel 4,
Seiten 125ff.

Es ist ein Wagnis, zugegeben, und es braucht etwas Mut,
die Entscheidung für den spirituellen Pfad zu treffen; am
Anfang mag er auch nicht ganz einfach sein und uns fordern, bis wir genügend Urvertrauen, Selbstwertgefühl und
Gleichmut besitzen. Das tut das „normale" Leben allerdings
auch – sogar viel stärker! Mit einer spirituellen Einsicht gestaltet sich unser Dasein im Diesseits glücklicher und wir
werden weniger von Sorgen und Ängsten gequält. Und bald
schon wandern wir auf einem wahrhaft sonnigen Weg.

WEISHEITEN

Wer Vater oder Mutter mehr liebt als mich, ist meiner nicht wert; und wer Sohn oder Tochter mehr liebt als mich, ist meiner nicht wert. [...] Wer sein Leben [= sich selbst] finden will, der verliert es, doch wer sein Leben [= sich selbst] verliert um meinetwillen, der wird es finden.
Matthäus 10,37 ff.

Vergleichbar ist das Königtum der Himmel einem Kaufmann auf der Suche nach kostbaren Perlen; als er eine besonders wertvolle Perle fand, ging er fort, verkaufte alles, was er hatte, und erwarb sie.
Matthäus 13,45 f.

Darum sollt ihr euch nicht auf irgendeine Weise festlegen, denn Gott ist in keiner Weise weder dies noch das. Darum tun die, die Gott in solcher Weise sehen, ihm Unrecht: Sie sehen die Weise, nicht aber Gott. Darum behaltet dieses Wort, dass ihr rein nur Gott im Auge habt und sucht; welche Weisen dann anfallen, mit denen seid ganz zufrieden, denn euer Absehen soll rein nur auf Gott gerichtet sein und auf sonst nichts. Was ihr dann gern oder ungern habt, das ist dann recht. Und wisset, dass es sonst ganz verkehrt ist.
Meister Eckhardt

Um zu Gott zu kommen, ist weder Klugheit noch Wissenschaft nötig, sondern nur ein Herz, das entschlossen ist, sich um nichts anderes zu kümmern als um ihn, und das nur aus Liebe zu ihm, und nichts zu lieben außer ihm. [...] Unsere Heiligung besteht nicht in der Veränderung unserer Werke, sondern darin, dass wir um Gottes willen verrichten, was wir für gewöhnlich um unserer selbst willen tun. [...] Man betrügt sich selbst, wenn man meint, die Zeit des Gebets müsse von der übrigen Zeit unterschieden sein; wir sind nicht weniger verbunden und verpflichtet, zur Zeit der Arbeit mit Gott vereinigt zu sein durch die Arbeit wie zur Zeit des Gebets durch das Gebet.
Bruder Lorenz

→ Yoga: Siehe Glossar Seite 206

[Es spricht der höchste Gott:] Den Menschen, die mich verehren und mich allein zum Objekt ihres Denkens machen, denen, die stets im Yoga [= im spirituellen Weg] mit mir vereint sind, bringe ich von selbst alles Gute.
Bhagavadgita IX, 22

Wo ihr auch seid und was ihr auch arbeitet, tut es als einen Akt der Anbetung, der Hingabe und Verherrlichung Gottes […] Teilt euer Handeln nicht ein in „dies tue ich für mich" und „das tue ich für Gott".
Sathya Sai Baba

Oh Geist! Lehre uns, keine andere Pflicht wichtiger zu nehmen als unsere heilige Pflicht, dich zu verwirklichen – ist doch jedes Werk nur möglich, weil du uns die Macht dazu schenkst. Mögen wir dich über alles lieben – denn ohne die Gnade deines Lebens, deiner Liebe, könnten wir nicht leben oder lieben.
Paramahansa Yogananda

Denn die Wahrheit des Geistes kann nicht nur gedacht, sondern muss gelebt werden, und sie zu leben verlangt eine vereinte, ausschließlich auf das Eine gerichtete Beharrlichkeit des Wesens. Eine so gewaltige Änderung, wie sie der Yoga [= der spirituelle Weg] anstrebt, kann nicht erlangt werden durch einen geteilten Willen oder durch einen Bruchteil der Energie oder durch einen zögerlichen Geist. Wer das Göttliche sucht, muss sich selbst dem Göttlichen weihen und nur dem Göttlichen allein.
Sri Aurobindo

Ein Mensch sollte spirituell üben und zu Gott beten, dass er ihm Gottesliebe schenkt. Er sollte sein Denken auf Gott allein richten und es von den Objekten der Welt abziehen. […] Man wird Gott nicht erkennen, wenn man nicht rastlos um ihn bemüht ist. […] Ich und mein, das ist nicht Erkenntnis. Wahre Erkenntnis lässt uns empfinden: Oh Gott, du allein handelst, du allein bist mein Eigen, dir allein gehören Haus, Familie, Verwandte, Freunde und die ganze Welt. Alles gehört dir.
Ramakrishna

Oh Leute, rettet mich vor Gott! Oh Leute, rettet mich vor Gott! Oh Leute, rettet mich vor Gott! Denn er hat mich mir selbst entrissen und gibt mich mir nicht zurück. […]
Wehe dem, der nach einer solchen Erfahrung der Anwesenheit [Gottes] sich ihrer beraubt fühlt und verlassen nach der Vereinigung [mit Gott]!
Husain ibn Mansur al-Halladsch

✧ Der spirituelle Weg fordert die vollständige Hingabe, ich kann kein anderes Ziel gleichwertig verfolgen. Mein Ziel und Bezugspunkt soll das Göttliche allein sein, ich ergebe mich ihm ganz.

✧ Ich kann das Göttliche, die Erleuchtung, die Freiheit nicht erlangen, solange ich noch weltliche Ziele verfolge.

✧ Jeden Schritt muss ich selbst tun; jemand kann mir den Weg weisen, doch gehen muss ich ihn selbst, ganz allein.

✧ Mich dem Göttlichen ganz hingeben bedeutet: eine Verpflichtung eingehen, mich gänzlich darauf einlassen, mein Leben der inneren Entwicklung weihen.

✧ Die vollständige Hingabe bedingt keinen Rückzug aus der Welt, im Gegenteil: Das diesseitige Leben wird bewusster, tiefer und mit offenen Augen durchwandert.

✧ Alle Bindungen und Anhaftungen durchtrenne ich innerlich. Im Außen darf und soll ich die Schönheit dieser Welt genießen.

✧ Ich handle nach wie vor verantwortungsbewusst – doch die Ergebnisse und damit die Verantwortung lege ich in die Hände des Göttlichen, ich gebe sie vertrauensvoll ab.

✧ Hindert mich die Angst, auf etwas verzichten zu müssen, daran, mich dem Göttlichen vollständig zu ergeben?

✧ Bin ich noch nicht überzeugt, dass der spirituelle Weg der Sinn des Lebens ist?

✧ Befürchte ich, von den Mitmenschen abgelehnt zu werden, wenn mir weltliche Vergnügen nichts mehr bedeuten?

✧ Traue ich mir den Mut und die Stärke nicht zu, diesen Weg ganz zu beschreiten?

✧ Habe ich den Entschluss zur vollständigen Hingabe innerlich bereits getroffen, wage es aber noch nicht, auch äußerlich dazu zu stehen und sie zu leben?

Aufgabe zur Selbstveränderung

> **Entwicklungsziel**
>
> Ich fasse bewusst den Entschluss, mein Dasein dem Göttlichen zu weihen, und lerne, mich ihm vollständig zu ergeben und in fortwährender Aspiration zu leben.
>
> Ich erkenne, dass das Göttliche durch meine ausschließliche, bedingungslose Hingabe meinen spirituellen Weg ebnet und ich ihm näher und näher komme.

→ Aspiration: siehe Glossar Seite 203

→ Bitte beachte „Tipps zum Umgang mit der Sonnwandeln-Reihe" auf Seite 17

Du solltest dich beiden Aufgaben widmen. Zuerst führst du die Aufgabe A ein einziges Mal durch; die Aufgabe B hingegen soll dir zu einer „guten Gewohnheit" werden, die du fortan für immer in dein Leben integrierst.

Aufgabe A: mein Bekenntnis

Ich bekenne jetzt meinen Entschluss, mein Dasein dem spirituellen Weg zu weihen, der Suche nach dem Göttlichen, der Erleuchtung, der Gottesverwirklichung oder wie ich dieses Ziel für mich bezeichne.

Dieses Bekenntnis kann ich in einer Art Ritual vollziehen, beispielsweise in einer Kirche, in der Natur auf einem Berg, an einem Fluss, …, aber auch in meiner Wohnung; indem ich eine Geste der Hingabe vollbringe (Niederknien, Niederwerfen, Kopf neigen, Hände falten, …) oder Kerzen anzünde, aber auch ganz einfach in einem stillen Moment des Rückzugs. Ich spüre selbst, ob ich überhaupt dazu bereit bin, und falls ja, in welcher Form ich es tun möchte.

Ebenso individuell sind die Worte, die ich wähle, und ob ich sie laut ausspreche oder lediglich in Gedanken formuliere. Beispiele:

• Mein Gott, ich gebe mich dir von nun an ganz hin, ich will nur noch dich, ich habe kein anderes Ziel als dich, lass mich dich in meiner Seele spüren!

• Göttliche Mutter, ich weihe mein Leben dir, ich will nur dich, komm!

• Höchste Macht, du bist der Sinn meines Lebens und mein Ziel, führe mich zu dir, komm zu mir!

Aufgabe B: Aspiration im Alltag
Von nun an wende ich mich im Alltag, sooft ich daran denke, dem Göttlichen zu und bekunde meine Hingabe in Gedanken, auch indem ich mein Verlangen nach dem Göttlichen pflege. Diese Empfindung der sehnenden Hingabe und/oder der Liebe zum Göttlichen fehlt am Anfang oft oder ist nur als schwaches Gefühl vorhanden; sie wächst mit der Zeit und wird immer stärker.

Die Form der Aspiration ist individuell, jeder Mensch findet seine eigenen Worte.

Sei nicht entmutigt, wenn dir das Göttliche zuerst nur selten „in den Sinn kommt", vielleicht sogar nur ein- oder zweimal pro Tag; auch das nimmt nach und nach an Häufigkeit zu, bis es zu einem dauernden Empfinden und einer fortwährenden Zwiesprache wird.

AFFIRMATIONEN

→ Bitte beachte die detaillierte Anleitung auf Seite 194

„Das Göttliche" kannst du jeweils durch den Begriff ersetzen, der dir vertraut ist.

ICH WILL NUR DAS GÖTTLICHE*.

ICH RICHTE MEIN GANZES DENKEN UND FÜHLEN AUF DAS GÖTTLICHE*.

DER SINN MEINES LEBENS IST DAS GÖTTLICHE*.

DAS GÖTTLICHE* ALLEIN IST MEIN ZIEL.

ICH HABE MICH FÜR DEN WEG DES GÖTTLICHEN* ENTSCHIEDEN.

ICH FÜHLE MICH VOM GÖTTLICHEN* GELIEBT UND GETRAGEN.

ICH BIN AUF DER WELT, UM MEINE GÖTTLICHKEIT ZU LEBEN.

ICH LASSE ALLES LOS UND ÜBERGEBE ES DEM GÖTTLICHEN*.

ICH WAGE DEN SCHRITT IN EIN NEUES LEBEN.

ICH BIN EINS MIT DEM GÖTTLICHEN*.

DAS LEBEN IST EINFACH, WENN ICH MICH DEM GÖTTLICHEN* ÜBERGEBE.

IMAGINATION

- Ich stehe am Meeresufer, das Wasser ist ruhig, es hat kaum Wellen. Ich fühle mich vom Meer angezogen, ich weiß, dass es in der Tiefe ein Geheimnis birgt, das auf mich wartet und mir eine Erkenntnis schenkt.

→ Bitte beachte die detaillierte Anleitung auf Seiten 195ff.

- Ich gehe Schritt um Schritt ins Wasser, langsam wird es tiefer, bald reicht es mir bis zum Mund. Ich schreite weiter, tauche ganz unter, ich kann auch unter Wasser normal atmen und fühle mich sicher und geborgen.
- Um meinen Hals trage ich eine Kette mit einem leuchtend weißen Stein. Es ist ein Zauberstein: Will ich wieder auftauchen, bringt er mich augenblicklich zurück an den Strand, gesund und wohlbehalten. Ich setze ihn auch ein, sollte ich mich auf meiner Wanderung im Meer unwohl oder bedroht fühlen.
- Unter Wasser spaziere ich auf dem Meeresgrund weiter, schaue um mich: bunte Fische, Korallen, Muscheln, ... Das Wasser ist ganz klar, Licht dringt von oben hindurch, sodass ich alles gut sehe.
- Jetzt erreiche ich den Rand dieses seichten Meeres, vor mir ist es richtig tief, ich schaue hinunter und sehe keinen Grund; immer noch fühle ich mich wohl und geborgen und weiß, dass ich jederzeit wieder auftauchen kann dank meines Zaubersteins.
- Ich mache einen weiteren Schritt und lasse mich sanft in die Tiefe gleiten; ich weiß, dass auf dem tiefsten Meeresgrund ein Geheimnis auf mich wartet und mir eine Erkenntnis zuteilwird. Obwohl es immer dunkler wird, sehe ich alles ganz klar.

[Von hier an lässt du dich ganz fallen und erlebst deine Seelentiefe. Du kannst die Antwort auf eine Frage finden, beispielsweise was es für dich bedeutet, dich ganz dem spirituellen Weg hinzugeben, oder einfach offen sein für alles, was aufkommt. Verweile so lange in dieser Erfahrung, wie du magst; du kannst sie jederzeit beenden, indem du mithilfe des Zaubersteins an den Ausgangspunkt zurückkehrst.]

- Wieder am Strand, atme ich tief in den Bauch, öffne die Augen, verharre noch eine Weile regungslos, schaue um mich, spüre meinen Körper und bewege mich langsam.

→ Bitte beachte die detaillierte Anleitung auf Seiten 198ff.

Haupt-Blüten

Seelenzustand	Nr.
Es fällt mir schwer loszulassen, ich habe Angst, mich für den spirituellen Weg zu entscheiden.	6
Ich traue mir nicht zu, mein Leben zu verändern.	12
Ich glaube nicht an meine innere Wandlung und dass ich die Selbstverwirklichung / Gotteserfahrung erlangen kann.	30
Ich fühle mich verunsichert, kann mich nicht für einen Neubeginn / eine Veränderung entscheiden.	33

Gewählte Blüten:

☐ ☐ ☐ ☐

Zusatz-Blüten

Seelenzustand	Nr.
Ich bin ungeduldig in Bezug auf meine Fortschritte.	18
Ich bin gefangen in vorgefassten Glaubensinhalten, Dogmen, Geboten und Verboten, strenger Selbstdisziplin.	27
Ich bin mit meinem momentanen Leben nicht zufrieden und / oder ich sehe mein Lebensziel nicht klar genug.	36

Gewählte Blüten:

☐ ☐ ☐

Empfohlener Heilstein: Bergkristall

→ Bitte beachte die detaillierte Anleitung auf Seite 201

Wirkung

Der Bergkristall ist das Symbol der Vollkommenheit; er verströmt ein für die spirituelle Entwicklung heilsames Licht, das wir spüren, wenn wir die Handinnenfläche über die Kristallspitze halten. Er vermittelt Klarheit und fördert die Entscheidungsfindung.

→ Vergleiche Seiten 153 und 185

Anwendung

Der Bergkristall wird aufgestellt im Raum oder – bei kleineren Steinen – auf dem Körper getragen; er lässt sich auch zusammen mit jedem anderen Stein verwenden und harmonisiert dessen Wirkung.

Reinigen und Aufladen

Einmal monatlich unter fließendem lauwarmem Wasser reinigen. Zum Aufladen in die Sonne legen.

*Nachdem du eine Weile – in der Regel mehrere Wochen – in deinem All-
tag zum Thema dieses Kapitels an dir gearbeitet hast, blickst du kurz
zurück und schaust, wo du stehst. Kreuze bei den untenstehenden Aussagen an, was auf dich zutrifft. Sei ehrlich zu dir selbst, ohne falsche
Bescheidenheit und ohne Selbstvorwürfe oder Entmutigung – es ist nur
eine Bestandesaufnahme, ohne Wertung, um zu erkennen, in welchem
Bereich du dich noch bemühen kannst… damit du wirst, was du bereits
bist.*

Lernziele dieses Kapitels Erreicht:	Ja	Nein
Ich habe mich zum spirituellen Weg als dem einzigen Lebensziel bekannt, auch wenn es mir im Alltag noch nicht immer gelingt, danach zu leben. Oder: Die Angst, auf dem spirituellen Weg auf etwas Weltliches verzichten zu müssen, habe ich weitgehend abgelegt.	☐	☐
Es ist mir mehr und mehr bewusst, dass ich jeden Schritt selbst tun muss, niemand kann mir etwas abnehmen.	☐	☐
Ich fürchte nicht (mehr), von meinen Mitmenschen abgelehnt zu werden, wenn ich im Leben einen anderen Sinn sehe und andere Ziele verfolge.	☐	☐
Ich habe bereits einige Bindungen und Anhaftungen innerlich durchtrennt.	☐	☐
Die Ergebnisse meines Handelns und die Verantwortung kann ich besser loslassen und dem Göttlichen übergeben. Oder: Es gelingt mir recht gut, meine weltlichen Aufgaben nicht zu vernachlässigen aus missverstandener Übergabe an das Göttliche.	☐	☐
Ich habe entschieden, die folgenden weltlichen Ziele loszulassen:		

Mein weiterer Entwicklungsschritt

Notiere jetzt eine Einsicht/Herausforderung/Aufgabe, an der du arbeiten willst – aber nur eine!
Dann prägst du sie dir gut ein, bittest das Göttliche, dich dabei zu führen und dein Bemühen zu fördern, und lässt sie los. Du kannst jetzt mit dem nächsten Kapitel und dessen Aufgaben weiterfahren.

Den Entwicklungsschritt, den du hier aufgeschrieben hast, darfst du von Zeit zu Zeit nachlesen, gewissermaßen zur Erinnerung, aber beschäftige dich gedanklich nicht mehr damit. Den Impuls hast du nämlich gesetzt – überlass es dem Göttlichen, ihn so umzusetzen, wie es für dich gut ist.

....

....

....

....

....

....

....

....

....

....

....

....

....

....

....

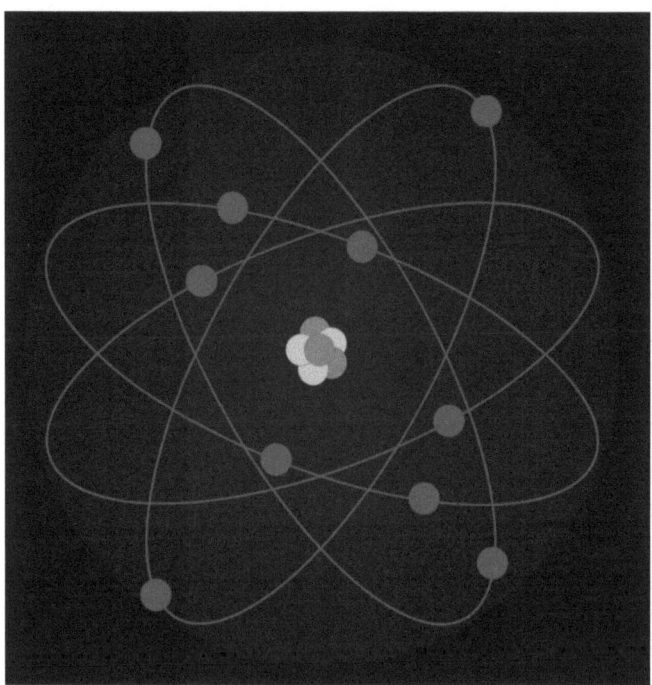

In dieser Abbildung des Atoms sind die Größenverhältnisse nicht maß-stäblich. In Wirklichkeit ist der Raum, in dem die Elektronen um den Atomkern kreisen, 100 000-mal größer als der Kern selbst, es existiert also eine riesige „Leere".

2. Was gehört zu mir und was ist fremd?

Themen dieses Kapitels
• Die feinstofflichen Elemente Gedanken und Emotionen • Andere Ebenen des Seins • Das Wahrnehmen fremder Energien • Besessenheit • Übertragung von Energien auf Mitmenschen • Unterscheiden zwischen Eigenem und Fremdem • Jeden Kontakt mit „schlechten" Menschen meiden? • Positive und negative Schwingungen von Musik, Texten, Bildern, Orten, ... und ihre Wirkungen auf uns

Entwicklungsziel
Ich achte auf die Empfindungen, die ich in mir wahrnehme, prüfe sie auf ihre Quelle hin und weise sie dann wenn nötig von mir. Zudem meide ich bewusst, soweit möglich, Orte und Menschen mit Energien, die mir nicht guttun. Ich lerne, mich vor eindringenden fremden Energien zu schützen, sodass sie mir nichts mehr anhaben können.

EINFÜHRENDE GEDANKEN

Woraus besteht der Mensch?

→ Vergleiche dazu Kapitel 1 in Band IV; Info siehe Seite 210

Was sind wir denn, wir, die wir uns als Mensch bezeichnen und für eine Einheit halten? Mehr als eine Zusammenballung einzelner Zellen, von denen jede eine bestimmte Funktion erfüllt? Etwa nur lose durcheinanderwirbelnde Atome oder noch kleinere Teilchen – am Ende reine Energie? Tatsache ist, dass wir nicht die feste Struktur sind, die wir zu sehen meinen; die Materie allgemein, forme sie auch einen harten Stein, ist nicht so kompakt und undurchdringlich, wie sie scheint.

Wie im Makrokosmos, so im Mikrokosmos, heißt es. Das Sonnensystem besteht aus einem Stern, Planeten, Monden und kleineren Bestandteilen – und dazwischen vor allem aus riesigen „leeren" Räumen (wie im Übrigen das ganze Universum viel mehr Leere als Materie aufweist). Die einzelnen Elemente des Sonnensystems werden durch Gravitationskräfte zusammengehalten, sodass sie sich gegenüber dem Rest des Universums als Einheit abgrenzen.

Nicht anders verhält es sich mit unserem Körper. Könnten wir ihn mit einem extrem starken Mikroskop betrachten, sozusagen immer weiter „hineinzoomen", dann sähen wir die einzelnen Atome: den Atomkern, bestehend aus Protonen und Neutronen, und die Elektronen schwebend in einem definierten Raum, der sogenannten Atomhülle. Zur Veranschaulichung der Größenverhältnisse: Setzen wir die Atomhülle dem Kölner Dom gleich, dann ist der Atomkern gerade einmal eine Erbse darin! Die Elektronen könnten wir schon gar nicht mehr sehen, sind sie doch fast 2000-mal leichter als ein Proton. Wir bestehen also tatsächlich zum größten Teil aus „Leere".

Alles aus dem gleichen Baustoff

Alles Materielle besteht aus Atomen, die aus den drei Teilchen Proton, Elektron und Neutron zusammengesetzt sind. Was den Unterschied zwischen den physischen und chemischen Eigenschaften der einzelnen Atome ausmacht – ob es sich also um Wasserstoff, Sauerstoff, Eisen, Gold oder andere handelt –, hängt einzig und allein von der jeweiligen

Kombination dieser Teilchen ab. Beinahe unglaublich, betrachtet man die Vielfalt an Erscheinungen, Formen, Farben dieser Welt.

Doch auch diese Teilchen sind, wie man heute weiß, nicht die primären Elemente der Materie; die moderne Physik bietet uns faszinierende Theorien an. Am Ende besteht alles aus „Energie", der göttlichen Energie. Wir können auch sagen: aus verhülltem göttlichen Bewusstsein, zu Materie verdichtet. Somit ist es nicht abwegig anzunehmen, dass auch feinstofflichere „Dinge" wie Gedanken und Emotionen aus bestimmten Elementen bestehen – besser gesagt aus Energie, allerdings in einer Form, die wir nicht ohne Weiteres wahrnehmen und deren Wirkung wir uns meistens nicht bewusst sind.

→ Vergleiche dazu Kapitel 1 in Band IV; Info siehe Seite 210

Der durchlässige Mensch

Bestehen wir also aus winzigsten Teilchen/reiner Energie und viel leerem Raum (natürlich ist auch im Raum, den wir als „leer" bezeichnen, das göttliche Bewusstsein), so liegt nahe, dass wir nicht die kompakte, undurchlässige Masse sind, für die wir uns halten. Schon Wasser und Luft können die Haut durchdringen – umso mehr die noch feineren Elemente wie Gedanken und Emotionen, vermutlich auch weitere Schwingungen, wie diejenigen einer Farbe, eines Klanges und was sonst noch alles an für uns Unsichtbarem zwischen Erde und Himmel schwebt.

Nichts geht verloren

Energie geht nicht verloren, sagt das Gesetz der Energie-Erhaltung, sie wandelt sich nur von einer Energieform in eine andere um. Was geschieht denn mit all den Gedanken und Emotionen, die fortwährend in uns sind und ausgesandt werden? Sind wir nicht ständig umgeben von Gedanken und Emotionen anderer Menschen, ja mehr als umgeben: durchdrungen? Wie können wir denn sicher sein, dass was wir empfinden auch tatsächlich zu uns gehört und nicht von außen in uns hereingekommen ist?

Die Frage ist daher mehr als berechtigt: Was bin *ich* und was ist *fremd*?

Die feinstofflichen Elemente Gedanken und Emotionen

Steine und Blütenblätter fühlen sich völlig unterschiedlich an, obwohl sie aus den gleichen Elementarbausteinen bestehen. Hass und Liebe, obwohl beides starke Emotionen und aus der gleichen Grundenergie bestehend, fühlen sich ebenso unterschiedlich an, und zwar für denjenigen, der sie aussendet, wie für denjenigen, der sie aufnimmt. Das Gleiche gilt für Gedanken. Da sowohl Gedanken als auch Emotionen eine subtilere Energieform darstellen als die Materie, durchdringen sie diese: Eine Wand, selbst eine Stahltür können sie nicht aufhalten, geschweige denn unser Körper.

Ferner dürfen wir annehmen, dass sie sich nicht von selbst in Nichts auflösen; vielmehr üben sie eine Wirkung aus und „verbrauchen" sich dadurch.

Ich glaube hingegen nicht, wir besäßen die Macht, mit einem Gedanken oder einer Emotion wie mit einem geschossenen Pfeil ein Ziel willentlich zu treffen, obwohl viele Geschichten über den bösen Blick, Flüche, Voodoo-Zauber und Ähnliches genau das zu belegen scheinen. Wie ich immer wieder betone: Wir können niemandem etwas antun, wenn es nicht für ihn bestimmt ist, und dem für uns Bestimmten können wir nicht entrinnen. Wir senden zwar Energien aus, „gute" wie „böse", doch sie suchen sich ihr Ziel einem anderen Willen gehorchend, ohne unser Dazutun. Tatsache ist allerdings, dass wir grundsätzlich offen sind für alle Energien, die in unserer Umgebung schweben, der eine Mensch mehr, der andere weniger, unterschiedlich auch je nach unserer jeweiligen Situation und Verfassung. Sind wir einmal völlig unempfindlich für eine negative Umgebung, so kann sie uns das nächste Mal beeinträchtigen.

Es wird auch gesagt, jeder Gedanke und jede Emotion, die wir aussenden, käme irgendwann zu uns zurück; unter diesem Aspekt lässt sich die Bibelaussage „Denn was ein Mensch sät, das wird er auch ernten" verstehen. Dennoch halte ich dies für fraglich. Wenn der Sinn des Lebens das Lernen ist, die innere Entwicklung, so kann es durchaus geschehen, dass wir zwar beispielsweise Hass aussenden, doch dann aus anderen Ereignissen unseres Lebens die ent-

→ Vergleiche dazu Kapitel 1 in Band II; Info siehe Seite 208

→ Galater 6,7

sprechende Lektion lernen, womit dieser gleiche Hass nicht mehr auf uns zurückzukommen braucht. Gehen wir aber davon aus, dass sich die Hass-Energie in eine andere Energieform gewandelt hat, so könnten die erwähnten „anderen Ereignisse unseres Lebens" durchaus die Folge dieser einst von uns ausgesandten Schwingung sein. Wie auch immer: Sind wir uns bewusst, wie jeder unserer Gedanken, jede unserer Emotionen eine eigenständige Existenz, gewissermaßen ein ins Leben gerufenes „Ding" ist, so wird uns klar, wie umsichtig wir damit umgehen müssen.

Ich will noch deutlich an etwas Entscheidendes erinnern, das ich weiter oben bereits angedeutet habe und das selbstverständlich auch für die nachfolgenden Fragen & Antworten gilt. Wir sind auf dieser Welt, um zu lernen, und es wird uns alles gegeben, was uns in der Lebensschule weiterbringt. Somit dienen auch alle diese Schwingungen, die wir von außen aufnehmen und die uns möglicherweise Probleme bereiten oder uns in schwierige Situationen treiben, unserer inneren Entwicklung. Solange eine äußere Schwingung in uns eine Resonanz findet und etwas auslöst, deutet dies darauf hin, dass in uns noch etwas existiert, das diese Schwingung überhaupt aufnehmen kann. Es handelt sich immer um Egoisches, das geklärt, verarbeitet, verwandelt werden muss; es „taucht" also nur deshalb in uns auf, aus dem Unbewussten oder aus der Umgebung, damit wir es anschauen und daran arbeiten.

→ Zur Lebensschule vergleiche Kapitel 1 in Band I; Info siehe Seite 207

*   *   *

Ebenen des Seins jenseits der materiellen Dimension
Ich will an dieser Stelle ein Modell des indischen Philosophen und Mystikers Sri Aurobindo vorstellen (stark vereinfacht!), das auf der altindischen Philosophie beruht. Wie ich bei solchen Theorien immer darauf hinweise, handelt es sich auch hier um ein *Modell*; ob es Wahrheit ist, absolute Wahrheit, ist nicht wichtig. Wir können und sollten es für uns annehmen, falls es auf dem spirituellen Weg hilft.

In Kapitel 1 von Band IV habe ich erläutert, wie der Mensch aus verschiedenen Elementen (oder Ichs) besteht, dem körperlichen (physischen), dem vitalen und dem men-

→ Mentales, vitales Ego: siehe Glossar Seiten 205 und 206

55

talen Ich. Wie wir gesehen haben, agieren diese drei Ichs recht unabhängig voneinander und verfolgen jeweils eigene Ziele; ich gehe deshalb jetzt so weit zu sagen, der Mensch bestehe aus drei *Körpern* (die Vorstellung grob- und feinstofflicher Körper ist auch in der Esoterik weitverbreitet).

Nun besteht nicht nur der Mensch aus diesen drei Elementen, sondern ebenfalls die ganze Schöpfung: Hier können wir sie als drei Dimensionen bezeichnen. Die physische ist die Dimension, in welcher wir leben, unser Planet, das Sonnensystem, das Universum – alles Materielle, was wir wahrnehmen. Parallel dazu existieren feinstoffliche Dimensionen oder Ebenen, derer wir uns in der Regel nicht bewusst sind: eine vitale Ebene und eine mentale Ebene, die eigentliche unabhängige Welten sind mit eigenen Wesenheiten, Energien, Gesetzmäßigkeiten. Zwischen den verschiedenen Ebenen bestehen allerdings auch Beziehungen, sie durchdringen einander; und auch wir selbst haben mit dem vitalen und dem mentalen Körper (oder Ich) jeweils an der entsprechenden Ebene teil, wir sind mit ihr verwoben. Unser mentales Ich ist also mit der ganzen geistigen Welt verbunden und schöpft aus ihr. Analog ist unser vitales Ich mit der ganzen Welt der Lebensenergie (Begierden, Lust, Verlangen) verbunden – und gerade diese „Beziehung" ist für unser Leben von großer Tragweite, sind es doch die Triebe und Begierden sowie die starken Emotionen, mit denen wir immer wieder zu kämpfen haben und die uns oft wider besseres Wissen bestimmen und zu Taten, die „wir eigentlich gar nicht wollen", verführen.

Mentale Welt
(„Geist", Gedankenenergie)

Vitale Welt
(Lebensenergie, Begehren)

Physische Welt
(Materielles,
„Unbelebtes")

Die Frage: „Was gehört zu mir und was ist fremd?"
bekommt unter diesem Blickwinkel eine noch größere Bedeutung. Was an Begierden, an „Versuchung", an „Bösem"
aus dieser vitalen Dimension dringt in mich ein? Aber auch:
Welcher nützliche, hilfreiche Tatendrang wird mir von der
vitalen Welt geschenkt? Und: Stammen meine guten Eingebungen und meine Erkenntnisse nicht etwa aus der mentalen Welt?

Nach Sri Aurobindo entsteht *gar nichts* an Gedanken und
Emotionen eigenständig aus uns selbst, sondern alles dringt
stets von außen, aus diesen anderen Dimensionen, in uns
ein. Allerdings muss etwas in uns (das Mentale oder das Vitale) dafür offen sein, gewissermaßen eine Resonanz dazu
bieten. So könnte beispielsweise das Empfinden von Eifersucht nicht in uns eindringen, hätte unser Vitales diese Eigenschaft bereits abgelegt oder verwandelt. Deshalb ist es
auch eminent wichtig, solche Emotionen nicht zuzulassen,
sie bei ihrem Auftreten – besser gesagt *Eintreten* – augenblicklich von uns zu weisen; haben sie sich erst einmal in
uns eingenistet, ist es viel schwieriger, sie wieder loszuwer-
den. Das kennen wir alle aus eigener Erfahrung: Die Eifersucht nagt, erzeugt alle möglichen gedanklichen Vorstellungen, dabei verstärkt sich die negative Empfindung – der
Teufelskreis hat uns voll im Griff.

Auf der anderen Seite kann diese Vorstellung, die betreffende Emotion, etwa die Eifersucht, gehöre gar nicht zu
uns, dringe vielmehr von außen in uns ein, nehme uns im
wahren Sinn des Wortes ein, hilfreich sein, um sie konse-
quenter abzuweisen: Etwas, das wir für unser Eigenes halten, wollen wir möglicherweise nicht so entschieden loswerden wie etwas, das wir als fremd erkennen.

Noch einige Erläuterungen zur vitalen Welt und den Wesen, die dort leben. Es soll sich, immer nach Sri Aurobindo,
um überaus starke Mächte handeln, denen es um Lust,
Genuss, Befriedigung ihrer gewaltigen Begierden geht.
Manche von ihnen sind den Menschen nicht wohlgesinnt
und benutzen sie für ihre Zwecke; er spricht von „Attacken
feindlicher Mächte", die sich beim Menschen in triebhaftem
Drang zu bestimmten Handlungen äußern können, aber
auch – vor allem bei Menschen auf dem spirituellen Weg –

→ In meinen
Erläuterungen zur
Inspiration und
den Erfindungen
in Kapitel 2 von
Band IV habe ich
unsere Verbin-
dung zu anderen
Dimensionen
bereits kurz vor-
weggenommen;
Info Seite 210

→ Zum Teufels-
kreis von Denken
und Fühlen ver-
gleiche Kapitel 2
in Band IV; Info
Seite 210

in überwältigender Entmutigung, Depression, Frustration, Hoffnungslosigkeit, wenn wir vermeintlich keine Fortschritte in unserem Bemühen sehen oder gar angebliche Rückschläge hinnehmen müssen. Äußerungen wie „Ich werde es nie schaffen" oder „Jetzt gebe ich auf", „Ich kann nicht mehr" und ähnliche zeugen von solchen Angriffen vitaler Mächte.

Jede Dimension habe ihre eigene Wahrheit, sagte Sri Aurobindo. Die vitale Dimension ist die Welt, wo der Kampf zwischen Gut und Böse ausgetragen wird. Schaffen wir es, uns über diese vitale Ebene zu erheben, gewissermaßen jenseits von ihr zu stehen, so hören Gut und Böse auf zu existieren und es gibt nur das Eine, das Göttliche, das alles ist.

→ Dualität: siehe Glossar Seite 203

Doch bis wir dahin gelangen, sind wir der Dualität ausgeliefert und müssen uns mit ihr auseinandersetzen: unterscheiden, was gut für uns ist und was nicht, und dem „Bösen" widerstehen. Möglicherweise hilft uns dabei das hier vorgestellte Modell und die Erkenntnis, dass manches nicht zu uns gehört, wir vielmehr ein Spielball gewaltiger Mächte sind.

Der verirrte Prinz
Eine indische Geschichte

Es war einmal ein Prinz, der bei seinem Vater in einem wundervollen Palast lebte. Eines Abends verließ er den Palast und ging in die Stadt. Da stolperte er, fiel in die Gosse und schlug mit dem Kopf auf.

Als er aus seiner Bewusstlosigkeit erwachte, hatte er das Gedächtnis verloren. Er schaute sich an und sah sich vollständig mit Schlamm bedeckt, erkannte seine prächtigen Gewänder darunter nicht mehr und wusste auch nichts mehr vom Palast, seinem Zuhause. So machte er sich auf und lebte fortan auf der Straße mit Bettlern und gewöhnlichen Leuten.

Eines Tages bröckelte ein winziges Stück Schlamm ab und er entdeckte darunter etwas Funkelndes. Da erkannte er: Er war mehr als ein Bettler. Der Schlamm hatte sich inzwischen aber so gefestigt, dass der Prinz ihn nicht einfach abwaschen konnte. Er musste Stückchen um Stückchen mühsam wegkratzen, Tag für Tag immer nur ein klein wenig, und es war mit Schmerzen verbunden – aber auch mit viel Freude, wenn er sah, was darunter hervortrat.

Manchmal, wenn er im Dunkeln unterwegs war, stolperte und fiel, legte sich über die Stellen, die er schon frei bekommen hatte, neuer Schlamm. Doch jetzt wusste er, dass er von außerhalb kam und nicht zu ihm gehörte, und er entfernte ihn schnell, solange er frisch war.

Je mehr seine fürstlichen Gewänder zum Vorschein kamen, desto mehr erinnerte er sich an seine Heimat; als er allen Schlamm losgeworden war, kehrte er zurück zum Palast und in die Arme seines Vaters.

Ich habe mich von dieser Geschichte inspirieren lassen zu meinem Roman „Der Wanderer im dunklen Gewand". → Info Seite 214

Wenn alles aus dem gleichen Baustoff besteht, also aus Energie oder dem Göttlichen, warum verschmilzt es nicht, sondern besteht als abgegrenzte Einheiten?

Eine der vielen Fragen ohne Antwort. Warum existiert das Universum anstelle des großen Nichts? Warum ist die Welt, wie sie ist, und nicht anders? Der Mensch hat noch nicht alle physikalischen Gesetze entdeckt, die das Universum erklären; vielleicht ist ihm aber auch nicht bestimmt, die letzte Wahrheit mit dem Verstand zu erfassen.

Warum die Welt ist, wie sie ist, und nicht im Zustand der göttlichen Einheit verharrt, weiß nur das Göttliche allein. In den verschiedenen Religionen, Philosophien und Mythologien gibt es mannigfaltige Erklärungsmodelle, von denen ich in meinen Büchern das eine oder andere schon vorgestellt habe. Auf der einen Seite sind es die Theologien, die das Göttliche als getrennt von seiner Schöpfung betrachten, wie das Christentum, der Islam, das Judentum und viele Naturreligionen: Ein Gott erschafft die Welt und herrscht dann über sie oder überlässt sie bis zu einem gewissen Grad sich selbst. Gott und die erschaffene Welt sind also verschieden, abgesehen vom Glauben, dass die Geschöpfe etwas Göttliches, beispielsweise die Seele, in sich tragen.

Bei den östlichen Theologien wird hingegen unter anderem davon ausgegangen, die ganze Schöpfung sei eine Illusion (Maya) oder ein göttliches Spiel (Lila), das Gott zu seinem Vergnügen, oder warum auch immer, für sich veranstaltet. Wir, die Geschöpfe, sind in dieser Illusion gefangen wie in einem Traum, den wir, solange wir träumen, jeweils für die Realität halten. Gelingt es uns „aufzuwachen", das Bewusstsein also über diese Illusion zu erheben oder das Spiel zu durchschauen, „verschmelzen" wir gewissermaßen mit dem Göttlichen, die Illusion verschwindet schlagartig, das Spiel ist zu Ende. Diese sogenannte Gottesverwirklichung (oder Erleuchtung, …) ist der Sinn jedes mystischen Weges, wie es ihn in allen Religionen gibt.

→ Maya, Lila: siehe Glossar Seite 205; vergleiche auch Kapitel 1 in Band IV; Info siehe Seite 210

* * *

Warum kommt es manchmal vor, dass wir einen Raum be-
treten, egal ob leer oder mit Menschen, und uns sofort wohl
oder unwohl fühlen, obschon kein rationaler Grund dafür
erkennbar ist?

Nach der Lehre des Feng-Shui ist es die Schwingung des
Raums, seine Energie, die auf uns wirkt. Sie entsteht durch
die Formen, Farben, Materialien des Bauwerks und der
Einrichtung, einschließlich aller sich darin befindenden Gegenstände. So soll beispielsweise kein Tisch so aufgestellt
werden, dass eine spitze Ecke auf den Platz ausgerichtet ist,
auf dem jemand sitzt, und zwischen Tür und Fenster darf
kein Bett stehen. Neben den allgemeingültigen Gesetzmäßigkeiten reagiert zudem jeder Mensch aufgrund seiner
Geburtsstunde anders auf bestimmte Elemente wie Metall,
Holz, Wasser und mehr. Glauben wir dieser alten Lehre des
Feng-Shui, so klingt es durchaus plausibel, dass wir beim
Betreten eines Raums sofort wahrnehmen, ob er für uns
persönlich positive oder negative Energien aussendet und
wir uns darin wohlfühlen oder nicht.

Sind oder waren Menschen in diesem Raum, so nehmen
wir zusätzlich deren Schwingungen auf, je nachdem wie
offen wir dafür sind und wie groß die entsprechende Resonanz in uns ist, und empfinden sie als angenehm oder unangenehm. Dies trifft übrigens nicht nur auf geschlossene
Räume zu, sondern auch auf Orte in der Natur. Mehr zur
Wirkung von Menschen auf uns erläutere ich in der nächsten Antwort.

Zuerst aber noch ein anschauliches Beispiel, wie stark
und wie lange „schlechte" Schwingungen in einem Raum
verharren können. Eine Freundin von mir führte sehr erfolgreich eine Boutique. Dann musste sie umziehen in ein
Ladenlokal ein paar Häuserblocks weiter, das seit Jahren
leer gestanden hatte. Am neuen Ort blieben die Kunden
aber aus; sie konnte sich nicht erklären warum, hatte sie
doch an der Einrichtung und am Sortiment nichts geändert.
Bis sie erfuhr, dass in diesen Räumen früher eine Fleische-
rei gewesen war, in der auch geschlachtet wurde. Sie kam
zur Überzeugung, die unheilvollen Energien der sterbenden
und toten Tiere seien immer noch spürbar, sodass die Kunden ihr Geschäft instinktiv mieden.

→ Eine weitere
eindrückliche
Geschichte zu den
Schwingungen an
bestimmten Orten
habe ich in Kapi-
tel 5 von Band IV
erzählt; Info siehe
Seite 210

Mir scheint es durchaus plausibel, dass Schwingungen, die an einem Ort konzentriert und über längere Zeit aufgetreten sind, auch über längere Zeit erhalten bleiben. Mit einer solchen Situation sehen wir uns immer dann konfrontiert, wenn wir in eine neue Wohnung oder an einen anderen Arbeitsplatz umziehen. Es lohnt sich gewiss nachzufragen, wer oder was davor in diesen Räumlichkeiten war. Auf jeden Fall sollten wir die dort vorhandenen Schwingungen neutralisieren. Alle Zimmer gründlich ausräuchern, ist ein ausgezeichnetes Mittel. Dazu dienen ätherische Essenzen, allen voran reiner Weihrauch, der übrigens auch Bakterien und Viren in der Luft abtötet und so eine potentielle Ansteckungsgefahr vermindert. Dieses Vorgehen empfiehlt sich übrigens nicht nur bei einer neuen Wohnung, sondern nach jeder Anwesenheit von Fremden bei uns, die uns ja zwangsläufig ihre Energien zurücklassen.

Ein weiteres Mittel, um fremde Energien zu neutralisieren, ist das Aufstellen von Steinen, beispielsweise Amethyst oder Rosenquarz. Dazu finden sich im Internet viele nützliche Informationen, weshalb ich nicht näher darauf eingehe.

In geringerem Maße sind wir unbekannten Energien natürlich auch an Orten ausgesetzt, an denen wir uns nur hie und da für längere Zeit aufhalten, beispielsweise der Leseraum der Bibliothek, das Haus von Freunden, Schulzimmer oder Kursräume, Kirchen, Kaufhäuser und viele andere. Wie wir uns gegen die uns umgebende Atmosphäre an gelegentlich besuchten Orten abschirmen, erläutere ich in der → Seite 76 Aufgabe zur Selbstveränderung.

*   *   *

Wenn die Gedanken und Emotionen anderer Menschen so stark auf uns wirken: Sollten wir dann nicht, extrem gesagt, jeglichen Kontakt mit „schlechten" Menschen meiden? Jeglichen Kontakt mit Menschen und den von ihnen ausgehenden Schwingungen zu vermeiden, mag einer der Gründe sein, warum sich einzelne Gottsuchende in die Einsamkeit, beispielsweise in eine Waldeinsiedelei oder in die Wüste, zurückziehen. Anders ist es tatsächlich fast unmöglich, diesen Energien zu entkommen.

Der „schlechte Einfluss" von Freunden etwa, den Eltern für ihre Kinder so fürchten, beruht nicht nur auf Gruppendynamik, Mitläufer- und Nachahmungseffekten. Vielmehr dringen die „schlechten" Schwingungen ganz direkt ein – allerdings nur, wenn sie auf einen geeigneten Grund treffen, wie ich an anderen Stellen dieses Kapitels erkläre.

„Schlechte" Menschen können wir natürlich meiden und sollten es auch tun – sofern wir sie als „schlecht" erkennen und die Möglichkeit haben, uns von ihnen fernzuhalten. Wie machen wir es aber beispielsweise mit Arbeitskollegen, denen wir nicht aus dem Weg gehen können? Und mit all den Menschen, denen wir in der Öffentlichkeit begegnen und die wir nicht kennen? Wie schon unter „Vertiefende → Seite 55 Aspekte" erläutert: Wir treffen auf bestimmte Menschen und Schwingungen, weil wir damit konfrontiert werden sollen, um etwas zu lernen und innerlich zu wachsen. Nichts, was uns geschieht, und niemand, der unseren Weg kreuzt, → Siehe Kapitel 3 in Band I; Info Seite 207 entspringt dem Zufall. Andererseits sollten wir schädliche Umgebungen nicht bewusst aufsuchen und uns darin aufhalten, etwa Restaurants und Bars in Vergnügungsvierteln, wo ausgeprägt egoische Schwingungen in der Luft liegen, ebenso wenig Orte, wo Angst herrscht (beispielsweise der → Wie ansteckend Angst sein kann, habe ich anhand einer eigenen Erfahrung in Kapitel 1 von Band II erläutert; Info siehe Seite 208 Tiere in einem Schlachthof) oder Aggression (Kämpfe, möglicherweise auch nur sportliche wie Boxen, aber auch heftige politische und andere Debatten) und viele mehr.

Obwohl die subtilen Energien über große Distanzen gesendet werden und wandern können, scheinen sie doch am Ort des Geschehens verdichtet anwesend zu sein, sie durchdringen die jeweilige Atmosphäre und üben eine entsprechend stärkere Wirkung auf die sich darin befindenden Menschen aus. Und wie die Anweisungen einiger spiritueller Meister, jeglichen Körperkontakt zu meiden, vermuten lassen, werden Schwingungen durch materielle Berührungen wahrscheinlich leichter übertragen als über die Luft. Deshalb können wir ihnen bis zu einem gewissen Grad ausweichen, wenn wir in eine Situation mit negativen Energien geraten, indem wir uns so weit wie möglich entfernen, und seien es nur einige Meter.

Ich berichte zur Veranschaulichung noch über eine Erfahrung, die eine Teilnehmerin meiner Kurse mir einmal erzählte und die deutlich zeigt, wie stark die Schwingungen anderer Menschen auf uns wirken.

„So weit ich mich zurück erinnere, passierte es mir von Zeit zu Zeit, dass eine unbestimmte Traurigkeit mich ohne äußeren Grund wie aus dem Nichts überfiel, oder auch eine Form von Lethargie, die mir jede Initiative raubte, jegliche Energie. Diese Phasen dauerten unterschiedlich lange, von wenigen Stunden bis zu mehreren Tagen. Mein Umfeld war der Ansicht, ich hätte leichte Depressionen.

Ich selbst glaubte nicht daran. Zu Recht. Denn zwei eindrückliche Erlebnisse kurz hintereinander öffneten mir die Augen und veränderten fortan meine Wahrnehmung für meine Episoden von Niedergeschlagenheit und Trägheit.

Einmal besuchte ich bei bester Laune ein befreundetes Paar, das mich zum Abendessen eingeladen hatte. Ich klingelte und kaum öffnete Gisela die Tür, sackte meine Stimmung in den Keller. Noch nie hatte ich diese Stimmungsschwankung so abrupt erlebt, es war, als strömte ein beinahe greifbarer Schwall Depression aus dieser Wohnung über mich. Zum ersten Mal fühlte ich, dass es sich nicht um meine Traurigkeit handelte – obwohl ich sie augenblicklich in mir spürte. Gisela lächelte mich indes an und auch ihr Mann schien guter Laune zu sein, äußerlich war beiden nichts anzumerken. Doch die Atmosphäre veränderte sich den ganzen Abend nicht. Erst nach dem Essen erzählten mir meine Freunde, Giselas Mutter habe an jenem Tag eine tödliche Diagnose bekommen. Schlagartig erkannte ich, dass die deprimierte Stimmung, die ich für meine eigene hätte halten können, tatsächlich nicht zu mir gehörte. Und diese Einsicht genügte, um meine Traurigkeit ganz schnell aufzulösen und nur Anteilnahme und Mitgefühl zurückzulassen.

Das zweite Erlebnis ähnlicher Art ereignete sich nur wenig später, als sollte es meine Vermutung über die Aufnahme fremder Schwingungen bestätigen.

Ich war mit einem guten Freund, Simon, den ich schon viele Jahre kannte, im Wald spazieren. Zuerst diskutieren wir angeregt über Gott und die Welt, nach einer Weile gingen wir nur noch schweigend nebeneinander. Ich genoss die Ruhe und lauschte dem Vogelgezwitscher, erfreute mich

→ Name geändert

→ Name geändert

am satten Grün der Tannen, ließ meine Gedanken locker umherschweifen. Plötzlich empfand ich eine starke sexuelle Lust, richtig körperlich im Unterleib, obwohl absolut nichts dergleichen mir durch den Kopf gegangen war und ich noch nie auch nur im entferntesten in Erwägung gezogen hatte, mit Simon zu schlafen. Mehr belustigt als schockiert beobachtete ich, was in mir passierte. Dann fragte ich Simon, woran er eben gedacht hätte.

'An nichts Besonderes', antwortete er. Ich mobilisierte all meinen Mut und sprach ihn direkt darauf an, wobei ich mich bemühte, einen eher scherzhaften Ton anzuschlagen: 'Du hast nicht etwa gerade daran gedacht, dass du mit mir schlafen möchtest?'

Er schaute mich an, als wäre ich ein unheimlicher Geist, und errötete so gewaltig, dass ich laut lachen musste. Dann gab er unter tausend Entschuldigungen und Ausreden zu, sich tatsächlich ganz kurz so etwas vorgestellt zu haben.

Von diesen beiden eindrücklichen Erlebnissen an begann ich, meine wechselnden Stimmungen und Empfindungen genauer zu beobachten, und meistens konnte ich seither eine Ursache dafür in meiner Umgebung entdecken."

*   *   *

Hat die sogenannte Besessenheit etwas mit Energien zu tun, die von außen in uns eindringen, oder sind es wirklich fremde Wesen, die einen menschlichen Körper besetzen?
Es kommt darauf an, was wir unter „Wesen" verstehen wollen – jedes Wesen besteht ja am Ende aus reiner Energie. Vermutlich ist in diesem Kontext die Unterscheidung zwischen Wesenheiten und Energien gar nicht so wichtig.

Es gibt Menschen, die von sich selbst glauben, besessen zu sein, von etwas Fremdem beherrscht zu werden. Öfter dürfte es allerdings vorkommen, dass jemand Besessenheit einem anderen Menschen zuschreibt; die unrühmliche Geschichte des Exorzismus der katholischen Kirche lasse ich hier aber einmal beiseite.

Mehrere Gründe kommen dafür infrage, wenn jemand sich besessen fühlt; nachfolgend führe ich einige auf, bei Weitem nicht alle.

→ Seiten 57/58

• Wir nehmen leicht Energien aus der uns umgebenden Atmosphäre auf, spüren sie dann in uns und empfinden sie als fremd, nicht zu uns gehörend; darunter fallen auch die Mächte der vitalen Welt, wie unter „Vertiefende Aspekte" erläutert.

• Wir fühlen uns zu einer Handlung getrieben, ohne die Chance, uns frei zu entscheiden, wir „müssen" es einfach tun. Vielleicht sind wir aus dem Unbewussten gesteuert und der Verstand findet keine rationale Erklärung für unser Verhalten, weshalb er es einer Besessenheit zuschreibt. Das

→ Vergleiche Kapitel 4 in Band II über den Schatten nach C.G. Jung; Info siehe Seite 208

mag vor allem dann zutreffen, wenn jemand bestimmte seiner Wesenszüge kategorisch ablehnt und verdrängt, beispielsweise wenn sich jemand aufgrund seiner Erziehung seine Homosexualität nicht eingestehen will.

• Wir empfinden nur eines unserer Ego-Elemente als das Ich und deuten die anderen als fremde Wesen, die uns besetzen.

• Wir haben uns bewusst für fremde Energien oder Wesenheiten, wie man es nennen will, geöffnet, etwa anlässlich einer Séance, bei der angeblich zu Toten Kontakt aufgenommen wurde, oder durch andere magische oder esoterische Praktiken, und tatsächlich „etwas" in uns aufgenom-

→ Siehe Kapitel 5 in Band III; Info siehe Seite 209

men. Im Zusammenhang mit unserer Trauer um Verstorbene habe ich schon eindringlich davor gewarnt.

* * *

Geht mit dem Sexualakt, also wenn zwei Menschen körperlich verschmelzen, mehr an Gedanken und Emotionen vom einen in den anderen über als beispielsweise bei einer Umarmung oder einem Händedruck?

Wahrscheinlich schon. Es ist davon auszugehen, dass die Übertragung umso größer ausfällt, je intensiver der Kontakt ist und je stärker die dabei auftretenden Emotionen sind. Beim Sexualakt findet ja auch auf der physischen Ebene ein Austausch von Körperflüssigkeiten statt. Sind unser Bewusstsein, unsere Ängste, Begehren und andere Emotionen in jeder unserer Zellen vorhanden, so nehmen wir mit der Materie des Partners wohl auch dessen Schwingung mit auf.

In diesem Zusammenhang noch eine Anmerkung zur sexuellen Lust. Wie der Erlebnisbericht auf Seiten 64/65 zeigt, nehmen wir von den Mitmenschen neben anderen starken Emotionen auch sexuelle Lust auf, die wir dann als unsere eigene fehldeuten. Es kann folglich vorkommen – und ist bestimmt gar nicht so selten –, dass wir uns zu jemandem sexuell hingezogen gefühlt und mit ihm geschlafen haben, dann aber später nicht begreifen, rational und emotional, wie es dazu kommen konnte, und uns selbst nicht mehr verstehen.

*   *   *

Sind wir tatsächlich so durchlässig, dass alles von außen in uns dringt: Müssen wir dann nicht immer daran zweifeln, dass zu uns gehört, was wir gerade denken oder fühlen?
Verstehen wir das Ich nur als Seele, so befindet sich in der Tat *alles* außerhalb von uns. Analog kommt, folgen wir dem auf den Seiten 55 bis 58 vorgestellten Modell, *alles* von außerhalb in uns herein.

Dabei darf aber nicht übersehen werden, dass nur etwas in uns eindringen kann, das wir zulassen, und sei es bloß aus Unachtsamkeit, und das in uns auf eine Resonanz stößt; das Feld muss sozusagen bereits vorbereitet sein, damit die Saat darin aufgeht. Gehört beispielsweise Neid absolut nicht zu unseren Eigenschaften, niemals auch nur ansatzweise, so schafft es keine Emotion und kein Gedanke von Neid, sich in uns festzusetzen; wir sind überhaupt nicht empfänglich für solche Eindringlinge, denn der Nährboden fehlt. Waren wir hingegen früher zuweilen neidisch und haben diese Eigenschaft dann durch Erkenntnis und Bemühen aus uns vertrieben, so könnte sie durchaus noch im Unbewussten oder in der umgebenden feinstofflichen Atmosphäre (Aura) lauern und sich bei verminderter Wachsamkeit oder einer Schwäche wieder in uns einschleichen. → Vergleiche Kapitel 2 in Band II; Info Seite 208

Da es sich bei Gedanken und Emotionen nicht um feste Gegenstände handelt, sondern um feinere Energien oder Schwingungen, sind sie nicht so klar definiert und eindeutig. Das lässt sich am Beispiel der Angst anschaulich erläutern. Haben wir beispielsweise Angst vor Krankheiten, jedoch keine Angst vor dem Fliegen, so kann uns durchaus passieren, dass wir in einer Umgebung, in der Angst vor dem Fliegen herrscht, *die Angst an sich aufnehmen.* Diese Schwingung kann also in uns eindringen, weil Angst in *irgendeiner* Form noch zu unserem Wesen gehört und sie äußert sich dann auf eine der folgenden Arten:

→ Vergleiche Kapitel 1 in Band II; Info siehe Seite 208

• Obwohl die Flugangst eigentlich nicht zu uns gehört, spüren wir die aufgenommene Angst exakt als solche;

• Die aufgenommene Flugangst trifft in uns auf die eigene Angst vor Krankheiten (oder vor anderen Dingen) und wir empfinden sie entsprechend;

• Die aufgenommene Angstschwingung manifestiert sich als diffuse Angst, als eine ängstliche Vorahnung oder als eine ähnliche Empfindung.

Es stimmt in diesem Sinne folglich nicht, dass was in uns eindringt, *gar nichts* mit uns zu tun hat und *überhaupt nicht* zu uns gehört. Andererseits sind, wie ich bereits zur Genüge erläutert habe, Zweifel stets berechtigt, ob eine Empfindung tatsächlich zu uns selbst gehört.

*   *   *

Lässt sich die Tatsache, dass Musik uns in bestimmte Stimmungen versetzen kann, auf tiefere Ursachen zurückführen oder liegt es bloß am Text oder der Melodie?
Als Schwingung kann Musik direkt in die tieferen Ebenen unseres Wesens eindringen und hier etwas auslösen. Gut beobachten lässt es sich bei Naturvölkern, die durch den Rhythmus von Trommeln in Trance geraten, ebenso bei einigen sufistischen Richtungen, etwa den drehenden Derwischen, die Musik und Gesang bewusst einsetzen, um die Versenkung oder Ekstase zu erlangen. Auch der Technosound mit den dröhnenden Bässen spricht ganz bestimmte Bereiche in uns an, ebenso wie jeweils Blues, Soul, Jazz und andere Musikrichtungen.

→ Sufismus: siehe Glossar Seite 206

Ein Gegensatz dazu bilden indische Bhajans (religiöse Lieder), christliche Kirchengesänge und die ganze Fülle an meditativer Musik im weitesten Sinne, die kaum oder nur wenige rhythmische Elemente aufweisen und auf Beruhigung und Verinnerlichung ausgelegt sind und nicht auf Anheizen und Erregen.

Wollen wir auf dem spirituellen Weg das Ego mehr und mehr loslassen und in der Seele leben, so sollten wir generell jenen äußeren Einflüssen abschwören, die uns im Ego verhaftet halten. Bestimmte Musikstile gehören dazu, und ihre Wirkung darf nicht unterschätzt werden. Ich spreche nicht nur von aufputschender Musik; auch Balladen, Chansons, ergreifende Opernarien wirken auf unserer egoischen Ebene, meistens auf der vitalen. Sie können in uns Sehnsüchte, Begehren, Leidenschaften wecken – lauter Eigenschaften also, die unserem spirituellen Weg hinderlich sind.

Das Gleiche gilt für Lektüre, Filme und andere Unterhaltungsbereiche. Wir sollten je länger je mehr auf Werke verzichten, bei denen egoische Elemente dominieren, wie etwa Romane oder Filme, in denen die Protagonisten vor allem Angst, Niedertracht, Machtausübung, Verrat, Menschenverachtung und andere negative Empfindungen zur Schau stellen, ganz zu schweigen natürlich von Gewalt und übertriebener Sexualität. Selbst wenn sie spannend und unterhaltsam sind.

Aber auch Talkshows, politisches Kabarett, Satire können das Ego ansprechen, ebenso Live-Berichterstattungen aus einem Katastrophengebiet oder von einem Kriegsschauplatz und Reality-Shows. Es kommt auf den Stil der Sendung an und auf unsere momentane Offenheit für bestimmte Schwingungen. Wichtig ist, bei dieser Art äußerer Einflüsse wachsam zu sein und sofort in uns zu spüren, was sie auslösen, um uns gegebenenfalls augenblicklich davon abzuwenden. → Vergleiche Kapitel 6 in Band II; Info Seite 208 Es geht dabei nicht darum, jegliche Unterhaltung zu unterbinden, sondern bewusst und vor allem selektiv zu konsumieren, was uns nicht schadet. Je weiter wir auf dem spirituellen Weg voranschreiten, desto weniger werden uns gewisse Musikrichtungen, Bücher, Filme, Fernsehsendungen interessieren und anziehen – sodass es nicht einem Opfer gleichkommt, darauf zu verzichten, sondern der natürlichen Abwendung von allem Egoischen.

*　*　*

Wirken bei Gedichten, die wir rational nicht verstehen und die in uns dennoch etwas auslösen, die Wörter auf uns oder der Geist, den der Schreibende in das Gedicht gelegt hat?
Vermutlich übt beides eine Wirkung aus. Jeder Laut hat eine ihm eigene Schwingung, und die Aneinanderreihung von Lauten nach bestimmten Gesetzmäßigkeiten, also die Sprache, besitzt eine Schwingung, die über die Summe der einzelnen Lautschwingungen hinausgeht. Bei einem Experiment wurden einmal die Klänge verschiedener Sprachen durch ein Computerprogramm visuell dargestellt und es zeigte sich Erstaunliches: Sanskrit, die nicht mehr verwendete Sprache Indiens und eine der ältesten Sprachen überhaupt, in welcher die heiligen Texte des Hinduismus verfasst sind, ergab ein ruhiges, harmonisches Bild; etwas weniger ruhig und harmonisch waren Altgriechisch und Latein; die bildliche Darstellung der modernen, heute gesprochenen Sprachen hingegen war wirr und chaotisch.

→ Mantra: siehe Glossar Seite 205

Vielleicht ist es doch nicht ganz unsinnig, Gebete, Mantras und andere heilige Texte auf Sanskrit oder Latein zu rezitieren anstatt in einer Übersetzung.

Ein inspirierter Poet mag deshalb durchaus Wörter verwenden und so kombinieren, dass daraus eine Schwingung entsteht, die direkt tiefere Ebenen in uns anspricht, ohne durch den Verstand zu wandern und womöglich von ihm gefiltert und verfälscht zu werden.

Aber auch Liebe, Hingabe, schöpferische Kraft, ebenso wie Fleiß, Selbstaufopferung und weitere positive Energien des Dichters schwingen in seinem Werk mit und wir können

→ Zur Energie, die wir in produzierte Dinge einbringen, vergleiche Kapitel 1 von Band III; Info siehe Seite 209

sie durch das Lesen oder Hören in uns aufnehmen. Dies trifft übrigens auf jeden vom Menschen gefertigten Gegenstand zu, sei es ein geschriebener Text, ein gestrickter Pullover, eine zubereitete Mahlzeit, aber auch ein am Fließband produziertes Auto.

* * *

Wenn wir mit jemandem Streit hatten und wir uns trennen, ohne uns versöhnt zu haben: Können wir auch in Gedanken mit diesem Menschen Frieden schließen?

Es ist wichtig, die Angelegenheit mit unserem Gegenüber persönlich zu klären, weniger seinetwillen als für uns selbst. Denn dadurch, dass wir den Mut finden, einen Fehler einzugestehen, die Größe, nachzugeben oder die Verschiedenheit der Meinungen anzuerkennen, die Demut, um Entschuldigung zu bitten, und die Liebe, was auch immer geschehen ist, zu vergeben, wachsen wir innerlich.

Für unseren Mitmenschen hingegen ist die Versöhnung in Gedanken, etwa indem wir ihm eine liebevolle Umarmung schicken oder ihn um Verzeihung bitten, um Sanftmut und Einsicht für ihn beten, genauso wirksam. Die ausgesandte Energie ist nämlich die gleiche wie bei einem Gespräch.

Auf diese Weise können wir auch jemandem Trost spenden, Heilung von einer Krankheit wünschen, einen Konflikt lösen und vieles mehr. Manchmal ist dies sogar vorzuziehen, nämlich dann, wenn unser Trost oder andere Formen des Mitgefühls oder der Hilfe nicht erwünscht sind, und wir uns nur aufdrängen würden, und natürlich in allen Fällen, in denen unsere physische Anwesenheit gerade nicht möglich ist. Ferner kann es vorkommen, dass eine persönliche Gegenüberstellung sogar eher kontraproduktiv wäre, etwa in einem festgefahrenen Konflikt, bei dem ein vernünftiges Gespräch keine Chance mehr hat; dann ist es eine wirksame Methode, dem „Gegner" in Gedanken Liebe, Sanftmut und Einsicht zu schicken – sofern sie aus unserem aufrichtigen Herzen kommen.

WEISHEITEN

Wenn man den Menschen in seiner ganzen Wesenheit nimmt, sieht man zunächst den physischen Körper, dann den Äther- und den Astralkörper. Den physischen Körper des Menschen kann jeder sehen. Der Ätherkörper wird sichtbar, wenn man sich den physischen Körper durch einen scharfen Willensakt absuggeriert [...] Um den Ätherkörper herum tritt der Astralkörper auf. Der Astralkörper ist die äußere Form für alle seelischen Inhalte; für Leidenschaften, Affekte, Triebe, Begierden, Lust und Unlustgefühle, Enthusiasmus und so weiter. Er manifestiert sich in den mannigfaltigsten Formen. Ringsherum zeigen sich Wolkenbildungen; er erstrahlt in den verschiedensten Farben.
Rudolf Steiner

Alle Fernwirkungen des Geistes und der psychischen Wahrnehmung (Telepathie, außersinnliche Wahrnehmung, Telekinese oder dergleichen), die in zahlreichen Versuchen der experimentellen Psychologie nachgewiesen worden sind, deuten auf eine räumliche Unbegrenztheit des Bewusstseins hin. Jedes individuelle Bewusstsein ist sozusagen ein Strahlungszentrum, das alle anderen gleichzeitig bestehenden Bewusstseinszentren (in stärkerem oder in schwächerem Maße) durchdringt, in oder mit ihnen lebt und sie je nach Maßgabe ihrer „geist-räumlichen" oder entwicklungsmäßigen Position oder psychischen Abstimmung beeinflusst.
Lama Anagarika Gowinda

Die feindlichen Mächte existieren und waren seit alters her bekannt [...] Selbstverständlich spürt oder kennt man diese Dinge nicht, solange man im gewöhnlichen Verstand mit seinen Vorstellungen und Wahrnehmungen lebt [...], doch sobald man die Dinge mit der inneren Schau betrachtet, wird das anders. Man beginnt zu erfahren, dass alles auf dem Wirken von Kräften beruht, den physischen und psychologischen Kräften der Natur, die auf unsere Natur wirken – und dass es sich dabei um bewusste Kräfte handelt beziehungsweise um Kräfte, die von Bewusstsein getragen werden. Man ist dann mitten in einem großen universellen Wirken und es ist unmöglich, alles ausschließlich auf das unabhängige Wirken der eigenen Person zurückzuführen.
Sri Aurobindo

Sie [feindliche Angriffe auf das äußere Wesen] nehmen wir wahr als Eingebungen oder als eine Berührung im äußeren Mentalen, Vitalen, Körperlichen oder als Bewegungen in der Atmosphäre (der persönlichen oder der allgemeinen), doch für unser inneres Wesen sind es nichts als Windböen oder Stürme außerhalb. Dringen sie einmal doch ins Haus ein, werden sie augenblicklich hinausgeworfen und die Türen und Fenster hinter ihnen zugemacht. Es gibt in uns drinnen nichts, das sie akzeptiert oder toleriert.

Sri Aurobindo

[Über die feindlichen Mächte] Es ist mir aufgefallen, dass es in mindestens 99 Prozent der Fälle eine Ausrede des Menschen vor sich selbst ist. Ich habe bei praktisch allen Menschen, die mir schreiben „Ich werde von feindlichen Mächten heftig angegriffen", gesehen, dass es sich um eine Ausrede handelt. Es bedeutet, dass sie bestimmte Eigenschaften ihrer Natur nicht aufgeben wollen, und so legen sie die ganze Schuld auf die feindlichen Mächte.

In der Tat halte ich die Rolle solcher feindlicher Mächte je länger je mehr für die eines Prüfers – sie prüfen die Aufrichtigkeit unseres spirituellen Strebens. [...] In der okkulten Welt, besser gesagt wenn ihr die Welt aus dem okkulten Gesichtspunkt betrachtet, sind diese feindlichen Mächte sehr real, ihr Wirken ist recht konkret, ihre Haltung gegenüber der Gottesverwirklichung eindeutig feindlich; doch sobald ihr jenseits davon steht und in die spirituelle Welt eingeht, gibt es in allen Dingen nichts anderes als das Göttliche, nichts Ungöttliches mehr, und diese „feindlichen Mächte" werden zu einem Teil des ganzen Schauspiels und können nicht länger „feindliche Mächte" genannt werden: Es ist nichts weiter als eine Haltung, die sie angenommen haben – genauer gesagt, eine Haltung, die das Göttliche in seinem Schauspiel angenommen hat.

The Mother

Der Leib des Menschen zerfällt in Offenbares und Geheimes. Offenbar ist dieser in seinen Gliedern und Dimensionen sinnlich fassbare Leib. Denn die sinnliche Wahrnehmung erfasst das Sichtbare, und die Anatomie lehrt das Innere desselben kennen. Geheim aber sind die Kräfte des menschlichen Geistes.

Al-Farabi

✧ Wir sind nicht die kompakte und geschlossene Einheit, für die wir uns halten. Nicht alles – möglicherweise überhaupt nichts –, was wir denken und empfinden, stammt aus uns. Vieles – oder gar alles – dringt von außen in uns ein.

✧ Jeder Gedanke, jede Emotion, die wir aussenden, ist eine Form von Energie, die nicht einfach wieder verschwindet, sondern irgendwann irgendwo eine Wirkung entfaltet.

✧ Möglicherweise existieren jenseits unserer unmittelbar wahrnehm- und erfahrbaren materiellen Welt noch weitere Dimensionen mit Energien und Wesenheiten, die einen Einfluss auf uns haben können.

✧ Es ist wichtig, achtsam zu sein für die Regungen in uns, ihre Quelle und Ursache zu erkennen und uns vor dem Eindringen aller möglicher Energien zu schützen.

✧ Je näher und intensiver unser Kontakt mit uns fremden Schwingungen ist, umso einfacher können sie in uns eindringen.

✧ Bin ich mir bewusst, dass „schädliche" Umgebungen oder „negative" Menschen für viele meiner Empfindungen und Stimmungen verantwortlich sein können?

✧ Lasse ich mich zuweilen von Musik, Lektüre und anderen Unterhaltungsmitteln in egoische und für meinen spirituellen Weg hinderliche Stimmungen führen?

✧ Verurteile ich mich manchmal für „schlechte" Gedanken und Empfindungen, ohne zu bedenken, dass sie von außen in mich eingedrungen sein könnten?

✧ Fehlt mir der Mut, mich von „schlechten" Menschen zu distanzieren?

Entwicklungsziel

Ich achte auf die Empfindungen, die ich in mir wahrnehme, prüfe sie auf ihre Quelle hin und weise sie dann wenn nötig von mir.
Zudem meide ich bewusst, soweit möglich, Orte und Menschen mit Energien, die mir nicht guttun.
Ich lerne, mich vor eindringenden fremden Energien zu schützen, sodass sie mir nichts mehr anhaben können.

→ Bitte beachte „Tipps zum Umgang mit der Sonnwandeln-Reihe" auf Seite 17

Du kannst dich mit allen drei Aufgaben beschäftigen, da sie sich mit unterschiedlichen Anforderungen auf unterschiedliche Situationen beziehen.

Aufgabe A: Ich nehme fremde Energien wahr und weise sie von mir.

• Bei allen meinen Empfindungen, die ich mir nicht unmittelbar erklären kann (vor allem Traurigkeit, Mutlosigkeit, Lethargie, Erschöpfung, Unlust, aber auch Angst und andere), suche ich die Ursache außerhalb von mir.

Ich überlege, *wann* die betreffende Empfindung aufgetreten ist, und versuche herauszufinden, ob die Ursache an der Umgebung und den Mitmenschen in jener Situation liegen könnte.

Daraufhin gehe ich in mich und frage mich, was in mir offen für die entsprechenden Energien war oder wo sie Resonanz gefunden haben.

Schließlich weise ich die entsprechende Empfindung von mir, ich werfe sie aus mir hinaus: „Geh, du gehörst nicht zu mir!"

• Auch bei starken Emotionen, für die ich die offensichtliche Ursache kenne (Wut, Eifersucht, Verletztheit, Frustration und mehr), gehe ich in mich und versuche auszumachen, *wo in mir* die entsprechende Empfindung spürbar ist (Magengegend, Herz, Unterleib, …).

Nachdem ich sie lokalisiert habe, werfe ich sie mit aller Macht aus mir hinaus (bildlich sehe ich, wie sie mich verlässt): „Du gehörst nicht zu mir, ich will dich nicht, geh!"

Aufgabe B: Ich meide bewusst negative Schwingungen.

• Ich halte mich von Orten fern, an denen ich „schlechte" Energien vermute. Beispiele: Vergnügungsviertel, Clubs, Discos und ekstatische Partys; Schlachthof; Orte, an denen sich schwere Unfälle oder Katastrophen ereignet haben; politische Kundgebungen; und viele mehr.

• Ich vermeide den Kontakt mit Menschen, die „negative" Schwingungen verbreiten. Beispiele: aggressive, pessimistische oder deprimierte, extrem hedonistische, eifersüchtige, neidische, verlogene, feige Menschen und viele mehr.

• Ich wähle sorgfältig die Musik, die ich höre, die Bücher, die ich lese, die Filme, die ich ansehe, und meide vor allem solche, die meine vitale Ebene ansprechen und dort Resonanz finden.

Aufgabe C: Ich schütze mich vor fremden Energien.

Muss ich an Orte mit möglicherweise „schlechten" Schwingungen gehen (Restaurant, Kino, Krankenhaus, Trauerfeier hektische Umgebung und streng genommen alle Orte mit vielen unbekannten Menschen) oder mit Menschen „negativer" Schwingung zusammen sein, baue ich *vorher* wie folgt einen Schutzschild um mich:

• Ich schließe die Augen und stelle mir bildlich vor, wie eine Kuppel oder Hülle aus weißem, strahlendem Licht mich vollständig umgibt. Ich weiß, dass keine fremden Energien durch diesen Lichtschild dringen können.

• Dabei bitte ich das Göttliche (höhere Mächte oder wie ich es für mich bezeichnen will) um Schutz: „Göttliche Mutter (höhere Mächte, lieber Gott, …), bitte beschütze mich!"

• Bin ich dann an besagtem Ort/mit den besagten Menschen zusammen, kann ich mir von Zeit zu Zeit den Schutzschild wieder kurz visualisieren und meine Bitte um Schutz wiederholen.

Affirmationen

→ Bitte beachte
die detaillierte
Anleitung
auf Seite 194

Ich beobachte aufmerksam meine Regungen.

Ich achte auf meine Gedanken und Empfindungen.

Ich bin wachsam für meine Umgebung.

Ich weite mein Bewusstsein.

Ich bin immer ganz bei mir selbst.

Ich richte meine Gedanken nur auf das Gute
und Schöne.

Ich vertraue meiner Wahrnehmung.

Ich fühle mich vom Göttlichen geliebt und getragen.

Ich bin geschützt vor allem Fremden.

Meine Innere Stimme gibt mir alle Antworten.

Ich fühle mich in mir selbst geborgen.

Ich bin voller guter Eigenschaften, ich lasse sie jetzt
wirken.

Ich bin Eins mit dem Göttlichen.

Die nachfolgend beschriebene Übung verdanken wir Sri Aurobindo. Sein spiritueller Lehrer sagte einmal zu ihm: „Setz dich hin in Meditation, aber denke nicht, schau nur zu; du wirst sehen, wie Gedanken in deinen Geist hereinkommen. Bevor sie eindringen, wirf sie hinaus, bis dein Geist fähig ist zur vollkommenen Stille."

Sri Aurobindo erzählte, er hätte zuvor nie davon gehört, dass die Gedanken sichtbar von außen in den Geist eintreten, doch er zweifelte nicht an dem, was sein Meister ihm auftrug. Er setzte sich und tat wie geheißen. Augenblicklich wurde sein Geist ruhig und er sah ganz konkret einen Gedanken von außen auf ihn zukommen, und dann einen weiteren. „Ich vertrieb sie, bevor sie von meinem Geist Besitz ergreifen konnten, und nach drei Tagen war ich frei", sagte Sri Aurobindo.

Es muss noch erwähnt werden, dass er zu jenem Zeitpunkt die Meditation bereits während vieler Jahre praktiziert hatte.

• Ich schließe meine Augen und werde innerlich still, indem ich mich auf meinen Atem konzentriere, ohne seinen Rhythmus zu beeinflussen: Ich beobachte einfach, wie ich einatme, wie ich ausatme, und nehme vor allem diesen Augenblick zwischen Einatmen und Ausatmen wahr, beziehungsweise zwischen Ausatmen und Einatmen, in welchem der Atem „stillsteht", alles bewegungslos ruht.

→ Bitte beachte die detaillierte Anleitung auf Seiten 195ff.

• Dann schaue ich zu, wie Gedanken von außen in mich hereinkommen wollen. Bevor ihnen das gelingt, weise ich sie weg.
• In dieser Übung verbleibe ich, solange mir wohl dabei ist. Wenn ich nicht mehr mag, atme ich tief in den Bauch, öffne die Augen, bleibe noch eine Weile regungslos, dann schaue ich um mich, spüre meinen Körper und bewege mich langsam.

→ Bitte beachte die detaillierte Anleitung auf Seiten 198ff.

Haupt-Blüten

Seelenzustand	Nr.
Ich habe oft grundlose Empfindungen von Angst oder drohendem Unheil.	2
Ich bin oft grundlos melancholisch, deprimiert und/oder tieftraurig.	21
Ich leide unter unerklärlichen Stimmungsschwankungen.	28
Ich neige dazu, in Panik zu geraten, und/oder steigere mich in Angstzustände.	26

Gewählte Blüten:

☐ ☐ ☐ ☐

Zusatz-Blüten

Seelenzustand	Nr.
Ich flüchte gerne in Illusionen und Fantasien.	9
Oft befallen mich starke Emotionen wie Eifersucht, Hass, Wut oder andere.	15
Manchmal befürchte ich, etwas zu tun, was ich nicht will, und/oder ich spüre Kräfte in mir, die ich nicht kontrollieren kann.	6
Ich nehme leicht Gesten und/oder Formulierungen von anderen Menschen an.	4

Gewählte Blüten:

☐ ☐ ☐ ☐

80

Empfohlener Heilstein: Azurit

→ Bitte beachte die detaillierte Anleitung auf Seite 201

Wirkung

Der Azurit erhöht die Wahrnehmung für die nicht-materiellen Ebenen und die geistigen Welten. Als Stein der Selbsterkenntnis und der Hellsichtigkeit/Hellhörigkeit ermöglicht er uns, besser zwischen dem, was in uns ist, und dem, was von außen kommt, zu unterscheiden.

→ Siehe auch Kapitel 2 in Band IV

Anwendung

Mit direktem Hautkontakt tragen.

Reinigen und Aufladen

Einmal im Monat über Nacht in einer Schale mit Hämatit-Trommelsteinen entladen.
Dunkelblaue Azurite brauchen nicht aufgeladen zu werden, hellblaue sollte man in der Sonne oder über Nacht in einer Bergkristallgruppe wieder mit Energie versorgen.

Rückschau und Vorschau

*Nachdem du eine Weile – in der Regel mehrere Wochen – in deinem All-
tag zum Thema dieses Kapitels an dir gearbeitet hast, blickst du kurz
zurück und schaust, wo du stehst. Kreuze bei den untenstehenden Aussagen an, was auf dich zutrifft. Sei ehrlich zu dir selbst, ohne falsche
Bescheidenheit und ohne Selbstvorwürfe oder Entmutigung – es ist nur
eine Bestandesaufnahme, ohne Wertung, um zu erkennen, in welchem
Bereich du dich noch bemühen kannst... damit du wirst, was du bereits
bist.*

Lernziele dieses Kapitels Erreicht:	Ja	Nein
Ich nehme fremde Energien besser wahr als früher und kann sie oft einer Quelle zuordnen.	☐	☐
Die Frage „Was gehört zu mir und was ist fremd?" stelle ich mir regelmäßig. Oder: Die Vorstellung, dass gar nichts an Gedanken und Emotionen zu mir gehört, sondern alles von außen in mich kommt, hat mir geholfen.	☐	☐
Ich neige weniger dazu, negative Gedanken und Emotionen dadurch zu entschuldigen, sie gehörten ja nicht zu mir, und mache mir bewusst, dass dennoch etwas in mir ihnen einen Nährboden bietet.	☐	☐
Musik, Lektüre, Filme wähle ich bewusster aus und meide solche, die negative Energien ausstrahlen. Oder: Oft schaffe ich es, auf Umgebungen und Menschen zu verzichten, deren Schwingungen für mich nicht gut sind.	☐	☐
Es ist mir hie und da gelungen, mich bewusst von Menschen zu distanzieren, die mir nicht guttun.	☐	☐
Der Schutzschild, den ich um mich aufbaue, wirkt gut, ich fühle mich darin sicher und behütet.	☐	☐
Ich habe gelernt, sorgsamer umzugehen mit den Energien, die ich aussende (Gedanken/Emotionen).	☐	☐

Mein weiterer Entwicklungsschritt

Notiere jetzt eine Einsicht/Herausforderung/Aufgabe, an der du arbeiten willst – aber nur eine!
Dann prägst du sie dir gut ein, bittest das Göttliche, dich dabei zu führen und dein Bemühen zu fördern, und lässt sie los. Du kannst jetzt mit dem nächsten Kapitel und dessen Aufgaben weiterfahren.

Den Entwicklungsschritt, den du hier aufgeschrieben hast, darfst du von Zeit zu Zeit nachlesen, gewissermaßen zur Erinnerung, aber beschäftige dich gedanklich nicht mehr damit. Den Impuls hast du nämlich gesetzt – überlass es dem Göttlichen, ihn so umzusetzen, wie es für dich gut ist.

....

....

....

....

....

....

....

....

....

....

....

....

....

....

....

Detail aus einer lateinischen Bibel, die Anfang des 15. Jahrhunderts von Hand geschrieben und illustriert wurde; sie befindet sich heute in Malmesbury Abbey, Wiltshire, England.

3. Heilige Schriften: nicht nur für Schriftgelehrte

Themen dieses Kapitels
• Erläuterung einzelner Passagen aus Veden, Upanishaden, Bhagavadgita, Neuem Testament
• Einem Glaubenssystem blind vertrauen und folgen? Die Wahrheit ist in uns und im Leben selbst • Verständnis und Interpretation • Diverse Zitate von Laotse, dem Buddha, aus dem Sufismus, der Kabbala

Entwicklungsziel
Ich öffne mich der Weisheit heiliger Schriften, ohne jedoch dogmatisch einem Glaubenssystem zu folgen.
Ich vertraue stets der Wahrheit, die in mir anklingt – der Wahrheit, die für mich nicht Glauben, sondern Wissen ist.
Ich lerne, die aus Büchern gewonnenen neuen Erkenntnisse in die Praxis umzusetzen.

Heilige Schriften

Viele Menschen der westlichen Welt, namentlich im christlichen Europa, die sich von den Kirchen und ihren Lehren distanzieren, verwerfen auch den Gott dieser Kirchen – besser gesagt: das von diesen Institutionen über Jahrhunderte vermittelte Gottesbild – und deren heilige Schriften. In den hinduistischen und buddhistischen Ländern trifft das weniger zu, in den muslimischen, wo der Islam Staatsreligion und „Pflicht" ist, praktisch gar nicht.

Doch eine Schwierigkeit besteht bei allen Religionen, ob sie in der breiten Masse aktiv praktiziert werden oder nicht: das Verständnis und die Interpretation der jeweiligen heiligen Schriften. Diese wurden nämlich vor Jahrtausenden verfasst, in der damaligen Sprache – und wir wissen ja, wie schnell sich Sprache wandelt – und im Kontext eines kulturellen und sozialen Umfelds, das wir wenig bis gar nicht kennen. Selbst wenn Wörter und Ausdrücke bis heute in Gebrauch sind, kann die ursprüngliche Bedeutung vollständig verloren gegangen sein oder sich geändert haben, sodass beim Lesen der alten Texte vieles unverständlich und vieles – noch schlimmer – missverständlich ist.

Vergleichen wir doch nur unser gegenwärtiges Deutsch mit dem Mittelhochdeutsch des 13. Jahrhunderts anhand des nachfolgenden Beispiels aus dem Buch „Das fließende Licht der Gottheit" von Mechthild von Magdeburg, in dem sie über die Seele sagt: „Ie si me arbeitet, ie si sanfter ruowet". (Je mehr sie sich abmüht, desto sanfter ruht sie). Darin erkennen wir gut den Bedeutungswandel (und die Möglichkeit für Missverständnisse!) von *arbeiten*: Damals verstand man darunter „Mühe/Mühsal auf sich nehmen", während das Verb heute im weitesten Sinne für „Arbeitstätigkeiten verrichten" gebraucht wird, unabhängig davon, ob diese mühsam oder leicht sind.

Die gleiche Problematik finden wir bei Altgriechisch gegenüber modernem Griechisch und erst recht bei Sanskrit und den heutigen indischen Sprachen.

In heiligen Schriften liegt indes viel Wahrheit und Weisheit und es wäre schade, blieben uns ihr Sinn und ihre Lehren verschlossen. In diesem Kapitel befasse ich mich deshalb mit Aussagen heiliger Schriften, in der Tat nur mit wenigen herausgepickten Rosinen aus der reichen Fülle, beschränkt auf die altindischen Veden, Upanishaden und die Bhagavadgita sowie das Neue Testament.

Es geht mir in diesem Kapitel darum aufzuzeigen, dass wir aus heiligen Schriften – *heilig* immer im Sinn von „Weisheit für unser (Seelen)*heil* enthaltend" – wertvolle Erkenntnisse für unseren Alltag und unseren spirituellen Weg gewinnen können und mithilfe eines zuverlässigen Kommentars durchaus in der Lage sind, sogar alte, schwierige Texte zu verstehen.

Die Veden und die Upanishaden

Die Veden sind von Rishis (Sanskrit: Seher) empfangene Offenbarungen, welche die Grundlage des Hinduismus bilden. Die ältesten entstanden im 3. Jahrtausend vor unserer Zeitrechnung und deren letzter Teil, die Upanishaden, vermutlich zwischen 700 bis 500 v. Chr. Lange wurden sie nur mündlich tradiert und erst um das 5. Jahrhundert n. Chr. schriftlich verfasst.

→ Veda: siehe Glossar Seite 206

Die Sprache der ältesten Texte ist eine frühe Form des Sanskrit. Das macht ihr Verständnis und ihre Interpretation schwierig und führte zur Entstehung verschiedener, einander teilweise widersprechender philosophischer Systeme, beispielsweise die extremen Gegensätze des Monismus (ein einziges Grundprinzip, das Göttliche) und des Dualismus (zwei Grundprinzipien, nämlich das Göttliche und die Schöpfung).

Keinesfalls sind die Veden laut Sri Aurobindo, obwohl sie auf den ersten Blick so erscheinen mögen und oft so gedeutet wurden, archaische Hymnen an Naturgottheiten und Anleitungen für Opferrituale. Diese Fehlinterpretationen gehen darauf zurück, dass in den Veden viele Wörter und Formen vorkommen, die in der späteren Sprache völlig verschwunden sind oder ihre Bedeutung geändert haben. Deshalb kann ihr Sinn oft beinahe nur erraten werden – und erlaubt alle möglichen Deutungen, von einer beinahe unverständlichen auf der wörtlichen Ebene bis zu einer tief spirituellen auf der symbolischen.

Sri Aurobindo geht nach eingehenden Studien der alten Sprachen, der Texte, mehrerer Interpretationen und Kommentare anderer Fachgelehrten auf jeden Fall davon aus, dass es sich um mystische heilige Schriften handelt, deren ursprünglicher Inhalt von Menschen stammt, welche die Einheit mit dem Göttlichen erlangt hatten; seine Erläuterungen, auf die ich mich stütze, gewähren uns tiefe Einsichten und Erkenntnisse.

Allen, die sich eingehender dafür interessieren, empfehle ich das Buch von Sri Aurobindo: „Das Geheimnis des Veda" (englische Originalausgabe: „The Secret of the Veda").

Die Bhagavadgita

→ Bhagavadgita:
siehe Glossar
Seite 203

Die Bhagavadgita (auch Bhagavad Gita und in Kurzform nur Gita) ist die bei uns bekannteste heilige Schrift Indiens und neben der Bibel einer der meistübersetzten spirituellen Texte der Welt; als eine Episode des großen indischen Epos Mahabharata entstand sie vermutlich vor 200 v. Chr.

Die ganze Bhagavadgita besteht aus einem Dialog zwischen dem Krieger Arjuna und dem Gott Krishna (Bhagavan, als der Höchste, Absolute, Eine verstanden), der sich in Arjunas Wagenlenker verkörpert hat. Es ist Bürgerkrieg, zwei Heere stehen einander auf dem Schlachtfeld von Kurukshetra gegenüber, bereit zum Kampf. Arjuna aus der Kriegerkaste erkennt in seinen Gegnern eigene Familienangehörige, Freunde, Lehrer und sieht keinen Sinn darin, die Waffen gegen sie zu erheben und sie zu töten: Er will nicht kämpfen.

Das ist für Krishna der Anlass, ihn im Yoga zu unterweisen – in spiritueller Lebensphilosophie. Er beginnt damit, ihm zu erklären, die Aufgabe eines Mitglieds der Kriegerkaste bestehe darin zu kämpfen und nötigenfalls auch zu töten. Im sich daraus entwickelnden Gespräch stellt Arjuna seinem göttlichen Wagenlenker eine Menge Fragen.

Krishna erläutert ihm das richtige Handeln und die Lebensaufgabe, er spricht über Weisheit und Liebe, Anhaftung und Gleichmut, das Wirken der Natur und die höhere Kraft, und weist ihm den Weg zur Gottesverwirklichung auf

→ Karma Yoga:
siehe Glossar
Seite 205

der Grundlage des Karma Yoga, des nicht zielgerichteten Handelns.

Was sich für uns im ersten Moment seltsam anhört – ein Gott, der auffordert zu töten –, ist es nicht in der inneren Logik des Karma Yoga. Arjuna soll ja nicht kämpfen und töten aus Hass, Eroberungsdrang, Gier, Machtstreben, also nicht mit irgendeiner Motivation, sondern einzig, weil er ein Krieger ist und Krieg zu führen seine ihm zugeteilte Lebensaufgabe. Er handelt dadurch im Einklang mit dem eigenen Lebensgesetz und dem göttlichen Willen und lädt keine Schuld, kein neues Karma auf sich. Um Arjunas Bedenken auszuräumen, sagt Krishna: „Auch ohne dich werden all diese Krieger [...] nicht mehr sein. [...] Durch mich und keinen anderen sind sie bereits getötet worden, werde du nur zu meinem Werkzeug." Was nichts anderes heißt als: Du kannst niemanden töten, den ich nicht getötet haben will.

→ Karma: siehe Glossar Seite 205

→ Vergleiche Kapitel 5 von Band I; Info Seite 207

Von der Bhagavadgita gibt es in allen Sprachen viele Übersetzungen, solche, die sich eng an den Originaltext halten in Bezug auf die Bedeutung, und andere, die mehr Wert auf die Poesie legen, dafür inhaltlich recht ungenau sind. Ich empfehle immer die englische Ausgabe von Sri Aurobindo „Bhagavad Gita and its Message"; darin ist nicht nur der Text enthalten, sondern zusätzlich Sri Aurobindos Kommentar aus seinem Werk „Essays on the Gita". Von der englischen Ausgabe wurde auch eine deutsche Übersetzung herausgegeben, allerdings ohne Kommentar, unter dem Titel: „Die Bhagavadgita".

Das Neue Testament

Heute geht man davon aus, Jesus habe als historische Person tatsächlich gelebt; doch ob alles, was als seine Lehre überliefert wird, tatsächlich nur von ihm stammt, lässt sich nicht sagen. Ebenso wenig wissen wir, auf welchen weiteren Grundlagen, außer der offensichtlichen des Judentums, er seine Erkenntnisse begründete. Zu erwähnen sind verschiedene Glaubensgemeinschaften seiner Zeit, beispielsweise die Verfasser der Qumran-Rollen, möglicherweise die Essener, die ihn beeinflusst haben könnten. Auch ist nicht bekannt, was Jesus vor seinem 30. Lebensjahr, als er begann öffentlich aufzutreten, machte; in esoterischen und spirituellen Kreisen wird spekuliert, er habe sich in Indien aufgehalten und aus den dortigen Religionen einiges in seine Lehre übernommen. Dabei geht es vor allem um die Wiedergeburt (Reinkarnation). Der Glaube an die Seelenwanderung (Metempsychose) war zur Zeit Jesu indes auch in Griechenland verbreitet und sogar in der jüdischen Mystik, der Kabbala.

Die christliche Religion beruht auf verschiedenen Schriften über die Geschichte und Lehre von Jesus, die zusammen das Neue Testament bilden: vier Evangelien, nämlich Lukas, Markus, Matthäus und Johannes, zudem die Apostelgeschichte, die Johannesoffenbarung und einige Briefe an Christengemeinden. Sie sind alle erst nach Jesu Tod entstanden; er selbst hat nichts Schriftliches hinterlassen.

Diese Texte sind jedoch nicht die einzigen existierenden christlichen Texte aus jener Zeit; bekannt ist beispielsweise auch das Thomas-Evangelium. In einem längeren Prozess, der sich über Jahrhunderte erstreckte, wurde von der Kirche – also von Menschen – festgelegt, welche dieser Schriften als Grundlage der christlichen Lehre anerkannt werden und welche nicht.

Erwähnenswert ist, dass das Neue Testament im damaligen Griechisch verfasst wurde (das war gewissermaßen die Weltsprache des Okzidents), teilweise von Menschen, deren Muttersprache jedoch Aramäisch war; sie schrieben also in einer Fremdsprache, die sie möglicherweise, oder wahrscheinlich, nicht perfekt beherrschten. Dies muss, neben den bereits erwähnten und für alle alten Texte geltenden Übersetzungs- und Interpretationsschwierigkeiten, beim Verständnis des Neuen Testaments berücksichtigt werden.

Der deutsche Theologe und Psychoanalytiker Eugen Drewermann (geboren 1940) hat die Evangelien neu übersetzt und teilweise umfassend interpretiert, auch aus psychologischer Sicht. Seine Übersetzungen und Kommentare kann ich wärmstens empfehlen.

Ein Glaubenssystem wählen und ihm blind vertrauen und folgen? Die Wahrheit ist in uns und im Leben selbst.

Die Kirchen werfen den Menschen, die sich von ihnen ab- und der Esoterik oder einer offeneren Spiritualität zuwenden, manchmal vor, sich ihren eigenen Glauben so zusammenzustellen, wie es ihnen gerade passt. Nun, was ist denn schlecht daran?

Das Christentum lehrt, unser Glaube an den christlichen Gott und an seine Lehre müsse ausschließlich, blind und nicht hinterfragend sein. Doch Glaube kann man nicht erzwingen: Entweder wir glauben oder wir glauben nicht. Glaube ist eine Gnade, ein Geschenk, ein Geschenk des Göttlichen – und es schenkt uns jeweils genau den Glauben, der zu einer bestimmten Zeit gut für uns ist, um uns einen Schritt weiterzuführen.

Deshalb gibt es keinen anderen Weg für uns, als der Wahrheit zu glauben, die in uns anklingt – egal, woher sie stammt. So kann unser persönlicher Glaube durchaus Elemente aus dem Christentum, dem Islam, dem Buddhismus, dem Hinduismus, einer Naturreligion und anderen aufweisen oder gar eigenständig aus uns kommen.

Die Forderung, wir müssten blind glauben, ist daher unsinnig. Glauben wir, dann ist daran nichts Blindes, denn es ist unsere Überzeugung. Wir können sogar sagen: Das, woran wir glauben, ist für uns Wissen.

Auf eine Gefahr, wenn wir uns unseren Glauben gewissermaßen selbst zusammenstellen, will ich noch hinweisen: Das Ego wird versuchen, daraus einen Nutzen zu ziehen. Auch der Spiritualität zugewandte Menschen sind ja noch mehr oder weniger stark in ihrem Ego gefangen und dieses sucht gerne den Weg, der ihm möglichst viel Freiheit bietet. Verhalten sich gewisse Menschen in egoischer, ja egoistischer, rücksichtsloser, verletzender Weise, berufen sie sich gerne auf ihre spirituelle Freiheit und rechtfertigen ihr Tun mit Aussagen wie: „Ich habe es eben als richtig in mir gespürt" oder „Meine Innere Stimme hat mir dazu geraten". In Wirklichkeit ist es jedoch nur ihr Ego, das sie damit überlistet hat, und dessen ehrliche Aussage so lauten müsste:

„Ich kann tun und lassen, was ich will, und jeder wird/muss es akzeptieren und ertragen". In der Tat lässt sich für alles eine Rechtfertigung finden, entweder in uns selbst oder indem wir in antiken oder modernen Schriften und Lehren wühlen und uns zudem bei ihrer Interpretation jede Freiheit nehmen. Dass alle spirituellen Lehren neben der angebotenen Freiheit jedoch auch ein hohes Maß an Eigenverantwortung erfordern und fordern, eröffnet sich manchen Menschen erst mit der Zeit.

Die Gefahr des listigen Ego besteht selbstverständlich auch dann, wenn wir einer Religion oder Glaubensgemeinschaft angehören und ihren Vorschriften folgen, denn auch deren Gebote und Verbote können je nach Bedarf ausgelegt werden. Vertrauen die Gläubigen in dieser Hinsicht mehr ihren Schriftgelehrten und Predigern als sich selbst, kann es leicht geschehen, dass eine kollektive Verzerrung durch eine (große) Gruppe stattfindet.

→ Nirwana: siehe Glossar Seite 206

Davon ausgehend, der Sinn der Existenz liege darin, das höhere Bewusstsein zu erlangen, die Gottesverwirklichung, die Erleuchtung, das Nirwana oder wie wir es nennen wollen, so muss der Weg jedem Menschen offenstehen. Jegliche Aussage über ein „auserwähltes Volk" oder „die allein seligmachende Wahrheit" würde dem widersprechen und ist unhaltbar: Wieso sollte nur jemand, der „zufälligerweise" im „richtigen" Land geboren wurde oder irgendwann in seinem Leben „zufälligerweise" mit der „richtigen" Lehre in Kontakt kommt, das Seelenheil erlangen?

Glauben wir an die Wiedergeburt, so scheint es immerhin plausibel, dass wir durch verschiedene irdische Existenzen mit verschiedenen Glaubensinhalten konfrontiert werden und uns jeweils Teile davon aneignen, die sich schließlich zur Vollkommenheit zusammenfügen.

Wir können annehmen, in den philosophischen und religiösen Schriften, die von weisen und erleuchteten Menschen verfasst wurden, seien jeweils Wahrheiten festgehalten, die uns einen Schritt weiterführen können. Doch woher → Seite 87 stammen diese Wahrheiten? Wie schon erwähnt, wurden beispielsweise die Veden von sogenannten Sehern weitergegeben. Doch was sahen sie? Welcher Quelle entstammt ihr Wissen?

Aus welcher Quelle könnte es denn stammen, wenn nicht aus der Wahrheit in ihnen selbst? In uns allen ist dieses Wissen doch verborgen – sind wir denn nicht alle Teil des Göttlichen? Und muss, wie gesagt, der Weg zum Göttlichen nicht uns allen offenstehen?

Doch wo sind die Lehrer, wo die Schulbücher, wer kann uns zuverlässig darin unterweisen? Vielleicht die Religionen, die Philosophie, die Psychologie – aber welchem Weg sollen wir folgen, welcher ist der richtige für uns? Und müssen wir uns für *eine* Glaubensrichtung entscheiden? Nein, denn: Gibt es nicht etwa so viele Wege zum Göttlichen, wie es Menschen gibt? Und wenn das Göttliche unser Sinn, unser Ziel ist, muss dann die Schule nicht jedem offenstehen? Die Lehrer für jeden erreichbar sein, die Bücher für jeden lesbar und verständlich?

Diese Schule wird tatsächlich von jedem Menschen besucht, ob er will oder nicht, ob er sich dessen bewusst ist oder nicht. Das Leben selbst ist diese Schule – denn wo könnten wir besser lernen als in der alltäglichen Praxis? Das Leben selbst ist unser Lehrer – denn wer könnte uns besser unterweisen als die täglichen Ereignisse, Taten und deren Konsequenzen? Und die Schulbücher, der „Leitfaden zum Göttlichen", stehen in unserer eigenen Seele geschrieben – denn wo könnten wir besser lesen als in uns selbst?

*   *   *

Verständnis und Interpretation

In den „Einführenden Gedanken" spreche ich das Problem des *richtigen* Verständnisses und der *richtigen* Interpretation heiliger Schriften an. → Seiten 86/87

Doch vielleicht ist dies gar nicht so bedeutsam, ebenso wie es nicht wichtig ist, ob eine Persönlichkeit wie Jesus tatsächlich gelebt hat oder nicht. Entscheidend ist doch, was die Texte *jedem von uns geben*, an Erkenntnis, Inspiration, praktischer Anleitung auf dem spirituellen Weg. Dürfen wir etwa nicht darauf vertrauen, in jedem Augenblick exakt das daraus zu entnehmen, was gerade in uns anklingt, weil es unserem Entwicklungsstand entspricht? Es geschieht ja gar nicht so selten, dass wir ein Buch beginnen und nach einer

Weile beiseite legen, weil uns der Inhalt nicht interessiert oder wir ihn nicht verstehen. Tage, Monate, gar Jahre später, fällt uns das Buch „zufälligerweise" wieder in die Hände und wird uns zu einer Quelle tiefer Erkenntnis. Vielleicht mussten wir davor andere Texte lesen, um diesen schließlich zu verstehen, vielleicht mussten wir praktische Erfahrungen sammeln, bevor die Theorie uns etwas zu sagen hatte...

Versteifen wir uns also nicht darauf, bestimmte heilige Schriften *jetzt* lesen zu wollen, wenn sie uns derzeit nicht ansprechen; sie werden uns dann (wieder)finden, wenn die richtige Zeit gekommen ist. Wobei wir auch berücksichtigen sollten, dass wir nicht alles, was wir lesen, *verstehen* müssen: Gerade mystische Texte mit ihrem hohen Gehalt an Symbolik und Poesie berühren die Seele ganz direkt, ohne den Umweg über den Verstand.

→ Vergleiche Kapitel 3 in Band I; Info Seite 207

*   *   *

Was zwei weise Philosophen denken

Bevor ich mich auf den folgenden Seiten Zitaten aus heiligen Schriften und deren Interpretation widme, will ich noch einige Gedanken von Jiddu Krishnamurti und Sri Aurobindo zum Thema Glaube und heilige Schriften vorstellen, die wir uns zu Herzen nehmen sollten.

Um das Heilige, das Namenlose, Zeitlose erforschen zu können, darf man zweifellos keiner Gruppe, keiner Religion, keinem Glaubenssystem angehören, weil Glaubenssysteme Dinge als wahr akzeptieren, die vielleicht überhaupt nicht existieren. Glauben bedeutet ja, dass man etwas als wahr betrachtet, ohne es durch eigenes Forschen, durch die eigene lebendige Kraft, die eigene Energie herausgefunden zu haben. [...] Es ist verhängnisvoll, dem Leben mit der Last der Gewissheit zu begegnen, mit dem Stolz des Wissens, denn schließlich ist Wissen nur etwas Vergangenes.
Jiddu Krishnamurti

*   *   *

Der Geist, der sich jenseits der materiellen Welt verbirgt, hat uns durch die Inspiration großer Seher die heiligen Schriften gegeben, als Hilfe und Führung zu nicht offensichtlicher Wahrheit – Lichter mit großer Energie, die ihre Strahlen in das Dunkel der Unwissenheit aussenden, hinter welcher er wohnt. Sie sind Wegweiser zur Erkenntnis, kurze Hinweise, um uns auf unserem Weg zu leuchten, jedoch kein Ersatz für Nachdenken und Erfahrungen. [...]

Da die durch die heiligen Schriften vermittelten Erkenntnisse so tief, so schwierig und so feinsinnig sind (wären sie einfach, wozu bräuchten wir dann die heiligen Schriften?), kann derjenige, der sie interpretiert, nicht vorsichtig und gelehrt genug sein. Er darf sich nicht mit dem Gedanken-Symbol oder der logischen Schlussfolgerung einer Vorstellung begnügen; er muss nach dem dürsten, was jenseits davon liegt. Wenn er im Wörtlichen stecken bleibt, ist er der Sklave eines Symbols und zu Fehlern verurteilt. Wenn es ihm nicht gelingt, jenseits der äußeren Bedeutung vorzudringen, ist er der Gefangene seiner Gedanken und bleibt in einem unvollständigen Wissen hängen.

Wir müssen die Grenzen überschreiten und in das Wissen dahinter durchdringen, und dieses muss erfahren werden, bevor wir es wirklich kennen; denn das Ohr hört es, der Verstand beobachtet es, doch allein der Geist kann es besitzen. Verwirklichung im Wesen der Dinge ist das einzige wahre Wissen; alles andere ist bloß eine Vorstellung oder eine Meinung.

Sri Aurobindo

SINNBILDLICH

Beten, wie es die Schriften lehren
Eine russische Legende

Auf einer Insel lebten drei alte fromme Männer. Ihr Ruf der Heiligkeit hatte sich weitum verbreitet und viele Menschen kamen zu ihnen, um zu lernen.

→ Metropolit: Oberbischof in der orthodoxen Kirche

So hörte auch der Metropolit in St. Petersburg davon und wollte selbst sehen, was daran Wahres sei. Als er ankam, fand er sich drei ärmlichen Gestalten gegenüber, die in einer einfachen Hütte lebten und ihm nichts anderes anbieten konnten als Brot und Salz und frisches Quellwasser.

„Man sagt, ihr hättet die Gotteserfahrung. Könnt ihr mir darüber erzählen?", fragte er sie.

Die drei schauten einander verständnislos an. Schließlich antwortete der eine: „Wir erfreuen uns an Gott, wenn die Sonne scheint, ebenso wenn der Regen fällt. Wir erfreuen uns an ihm am hellen Tag und wir erfreuen uns an ihm, wenn es rundum dunkel ist."

Der zweite ergänzte: „Ja, und wir erfreuen uns an Gott, wenn das Korn wächst und die Äpfel reifen; und an der Quelle, die nicht aufhört, uns Wasser zu spenden."

Und der dritte fügte noch hinzu: „Ja, viel Freude haben wir auch an ihm, wenn die Gläubigen uns ihre Gaben bringen und wir dann beisammensitzen, singen und beten und gemeinsam essen und trinken."

Dann wollte der Metropolit wissen, wie sie denn zu Gott beteten. Die drei erröteten und antworteten schüchtern: „Unser einziges Gebet ist folgendes: Wir sind drei – ihr seid drei – macht uns frei!"

Der Kirchenmann war entsetzt darüber und lehrte sie daraufhin ein richtiges Gebet, das Vaterunser. Die drei alten Männer waren überglücklich, von einem hohen Geistlichen unterwiesen zu werden, und sagten es ein ums andere Mal auf, bis sie es auswendig konnten.

Illustration:
Jakob Aerne

Zufrieden kehrte der Metropolit auf sein Schiff zurück, das sogleich ablegte. Es war aber noch nicht weit draußen im Meer, als er Rufe hörte. Er wandte sich in die Richtung der Insel – und sah drei Gestalten, die Hand in Hand über das Wasser herangeeilt kamen. Als sie das Schiff erreichten, riefen sie außer Atem: „Wir haben das Gebet vergessen! Wie geht es weiter nach 'geheiligt werde dein Name'?"

Der Metropolit war tief berührt und antwortete: „Betet einfach, wie ihr es immer getan habt!"

Erleichtert gingen die drei über die Wellen zurück auf ihre Insel.

Am Anfang steht worthafter Geist. Denn worthafter Geist geht nach Gott. Gott selber ist worthafter Geist. Von Anfang an geht er nach Gott. Alles entsteht nur durch ihn, und ohne ihn entsteht gar nichts. Was immer entsteht, ist Leben durch ihn. Leben – das ist das Licht der Menschen. Das Licht scheint im Dunkeln, doch das Dunkel begreift es nicht. [...] Worthafter Geist, der ist das Licht, das einzig wahrhaftige, das jeden Menschen erleuchtet, indem es eingeht in diese Welt. Er ist in der Welt, durch ihn gibt es die Welt, doch die Welt kann ihn nimmer erkennen. In das, was er selber ist, kommt er, doch obwohl sie [die Menschen] er selbst sind, begreifen sie es nicht. Doch die ihn ergreifen, denen schenkt er die Freiheit, Gottes Kinder zu werden, denen, die glauben an seine Art, die nicht als Erzeugnis des Blutandrangs sind – die Natur hats gewollt, der Mann hats gewollt –, sondern von Gott her. Der worthafte Geist ward selber Natur, er schlug sein Zelt auf – in uns, dass wir seine Herrlichkeit schauten, herrlich, weil einzig stammend vom Vater, erfüllt mit Gnade, mit der Unverborgenheit Gottes. Johannes 1,1 ff. (zitiert nach Eugen Drewermann)

Die Eröffnung ist eine der schönsten und hoffnungsvollsten Passagen des Evangeliums nach Johannes. Sie sagt uns, das Göttliche sei alles – alles, was existiert besteht aus ihm. Und die Aussage wird noch dadurch verstärkt, es habe sein Zelt in uns Menschen aufgeschlagen: Nicht nur stammen wir vom Göttlichen ab, sind also göttlicher Natur, sondern es ist in uns – als unser göttlicher Kern, unsere Seele, unser höheres Selbst. Noch deutlicher heißt es: „ In das, was er selber ist, kommt er, doch obwohl sie er selbst sind, begreifen sie es nicht.". Wir wurden nicht erschaffen und ausgesetzt in eine feindliche Welt, vielmehr sind wir ein Teil des Göttlichen, ein Teil allen Existierenden, eins mit ihm, mit allen Wesen und dem Universum.

→ Höheres Selbst: siehe Glossar Seite 204

→ Vergleiche Kapitel 1 von Band IV; Info siehe Seite 210

Diese Gewissheit der Einheit mit dem Göttlichen schenkt uns die Zuversicht, dass die Erlösung, Erleuchtung, Gottesverwirklichung für uns Menschen möglich ist – in diesem Leben, in dieser Welt und nicht erst in einem fernen, unbestimmten Jenseits. Die Welt (der Mensch) erkennt diese Einheit in der Regel nicht, doch diejenigen, die danach streben, die sich bewusst werden, dass sie nicht nur „Fleisch" sind, gezeugt von Eltern, sondern Kinder des Göttlichen, diese Menschen erlangen die Freiheit.

Wer das Johannes-Evangelium in einer anderen Fassung liest, einer altertümlichen oder neueren, wird darin große Unterschiede zur hier aufgeführten Version des Theologen Eugen Drewermann finden. Er hat die Evangelien aus dem Griechischen neu übersetzt und viele Einzelbegriffe gibt er anders wieder als gebräuchlich. Einerseits vermeidet er Wörter, die für uns eine missverständliche Bedeutung haben, andererseits berücksichtigt er die Tatsache, dass das Neue Testament zwar auf Griechisch niedergeschrieben wurde, jedoch auf hebräischen und aramäischen Wurzeln beruht, sowohl sprachlich als auch kulturell. Seine überzeugenden Erläuterungen finden sich im Vorwort seiner Übersetzungen (erschienen im Walter-Verlag). An dieser Stelle will ich nur ein Beispiel erwähnen, das für das Verständnis des vorangehenden Zitats bedeutsam ist.

Wir kennen aus dem Alten Testament (Genesis) die Formulierung „Im Anfang war das Wort". Dies ist jedoch eine falsche Übersetzung aus dem Hebräischen; korrekt heißt es nicht „im Anfang" sondern „prinzipiell, grundsätzlich". Damit ist also nicht der zeitliche Anfang der Welt gemeint, sondern laut Drewermann: „In jedem Zeitpunkt ist alles, was ist, der Ausdruck Gottes selbst." Analog darf im Johannes-Evangelium nicht gesagt werden, das Wort „war", sondern es „ist", und nicht „im" Anfang, sondern wenn schon „am" Anfang. Mit Wort ist der Geist gemeint: Die Schöpfung ist die Selbstmitteilung Gottes.

*　　*　　*

Keiner kann zu mir kommen, wenn es ihm nicht vom Vater her gegeben ist.
Johannes 6,65 (zitiert nach Eugen Drewermann)

Eine interessante Stelle, sie stimmt mit ähnlichen Aussagen des Korans überein. Sie legt nahe, dass einige dazu prädestiniert sind zu glauben, andere nicht. Glaube ist demnach eine Gnade, entweder ich bekomme sie oder nicht – das heißt natürlich nicht, diejenigen, die nicht glauben, seien verdammt, denn sie können ja gar nichts dafür. Es spricht eher für die Vorstellung, das Göttliche wolle sich in diesem Universum durch alles Erdenkliche manifestieren, ohne es zu werten und in „gut" und „schlecht" einzuteilen (wie wir Menschen es tun).

Es mag auch mit der Evolution zu tun zu haben: Für jede Seele kommt irgendwann der richtige Moment zu glauben – aber vielleicht eben nicht in diesem Leben.

*   *   *

Niemand kann zweier Herren Diener sein.
Matthäus 6,24 (zitiert nach Eugen Drewermann)

→ Vergleiche Kapitel 1, Seiten 19ff. Die Fortsetzung lautet: „Denn entweder wird er den einen hassen und den anderen lieben [den einen bevorzugen auf Kosten des anderen] oder er wird an dem einen hängen und den anderen missachten [zu dem einen halten gegen den anderen]. Ihr könnt nicht Gottes und des Mammons Knechte sein."

Vielleicht empfinden wir die Aussage als zu ausschließend: Sollte es denn nicht möglich sein, zwei Menschen oder zwei Dinge mehr oder weniger gleich zu lieben und zu behandeln? Tatsache ist, dass wir unsere Aufmerksamkeit, unsere Zeit, unsere Hinwendung dabei *aufteilen* müssten, denn *vollständig* können wir uns zweien nicht gleichzeitig widmen, das wäre ein Widerspruch in sich. Was uns bei Menschen und Dingen bis zu einem gewissen Grad gelingt, nämlich uns einmal mehr mit diesem und einmal mehr mit jenem zu beschäftigen, funktioniert auf dem spirituellen Weg nicht. Sobald wir uns der „Welt" zuwenden, vergessen wir das Göttliche – oder wie oft denken wir an unsere Seele, an das Göttliche in unserem alltäglichen Leben, bei der Arbeit, im Zusammensein mit der Familie oder Freunden, beim Ausüben unserer Hobbys?

Selbstverständlich können wir die materielle Welt nicht vollständig aufgeben, solange wir in diesem Körper weilen, und das sollen wir auch nicht. Doch es ist nicht eine Frage der Prioritäten, indem wir das Göttliche vor alles andere stellen, sondern eine Frage des Ziels, des Lebenssinns: Dabei können wir nur das eine oder das andere wählen, die Welt oder das Göttliche.

→ Dieses Thema erläutere ich ausführlicher in Kapitel 1 und in meinem Buch „Karma Yoga"; Info Seite 213

Entscheiden wir uns für die Welt, so lastet der Daseinskampf allein auf uns, mit all der Mühe und der ganzen Verantwortung. Entscheiden wir uns hingegen für das Göttliche, so dürfen wir darauf vertrauen, dass alles andere, was wir brauchen, uns gegeben wird. In diesem Sinne lautet auch der nächste Absatz des Matthäus-Evangeliums: „Deswegen sage ich euch: Sorgt euch nicht um euer Leben, was ihr essen [oder was ihr trinken] werdet, noch um euren Leib, was ihr anziehen werdet. [...] Es weiß ja euer himmlischer Vater, dass ihr das alles braucht. Kümmert euch vielmehr zuerst [= wesentlich nur] um das Königtum und sein rechtes Leben [vor Gott], und dies alles wird euch dazugelegt werden."

*   *   *

Herr des Sabbats ist der Mensch(ensohn).
Matthäus 12,8 (zitiert nach Eugen Drewermann)

Es wurde Jesus vorgeworfen, er und seine Jünger verrichteten am Sabbat Handlungen. Der Schöpfungsgeschichte der Bibel gemäß ruhte Gott am siebten Tag, am Sabbat, und nach der (strengen) jüdischen Lehre ist es deshalb untersagt, an diesem Tag irgendetwas zu tun; selbst belanglose, lebensnotwendige alltägliche Handlungen, wie Speisen zubereiten, einen Lichtschalter betätigen oder Auto fahren, sind nicht erlaubt.

Jesus widerspricht diesem radikalen Verbot und setzt sich darüber hinweg. Er handelt so, wie er selbst es spürt und für richtig hält – er hört auf seine Innere Stimme und gehorcht nicht starren generellen Geboten.

→ Vergleiche Kapitel 5 in Band II zu Normen und Regeln; Info siehe Seite 208

Ein weiterer Aspekt liegt darin, dass wir nicht unterscheiden sollten zwischen *heiligen* und *profanen* (unheiligen) Taten. Jedes Werk wird zu einem heiligen Werk, wenn wir es dem Göttlichen weihen; ist es uneigennützig und nicht ziel-

→ Vergleiche Seiten 162/163

gerichtet, so ruhen wir auch in der größten Geschäftigkeit im Göttlichen – und jeder Tag wird zum Sabbat.

*   *   *

Bei Gott! Ja, bei Gott, ich sage dir: Wenn nicht jemand von vorn geboren wird, kann er das Königtum Gottes nicht sehen. [...] Bei Gott! Ja, bei Gott, ich sage dir: Wenn nicht jemand geboren wird aus [Wasser und] Geist, kann er nicht eingehen in das Königtum Gottes. Fleischgeborenes ist Fleisch, Geistgeborenes ist Geist.
Johannes 3,3 ff. (zitiert nach Eugen Drewermann)

Der Verfasser des Johannes-Evangeliums bezog sich vermutlich bei seiner Aussage „von vorn geboren" nicht auf die Reinkarnation – obwohl man es durchaus hineininterpretieren könnte.

Wahrscheinlich ist damit vielmehr eine „Wiedergeburt" in ein und demselben Leben gemeint: Wir legen nicht den physischen Körper ab, sondern einen Teil unseres Ich. Was stirbt, ist unsere niedere, animalische Natur, die Verhaftung im Materiellen, das eigene Wollen, das Ego. Neugeboren sind wir, wenn wir aus der Seele zu leben beginnen, in Hingabe zum Göttlichen, ganz seinem Willen ergeben und mit dem einzigen Ziel der Gottesverwirklichung.

Eugen Drewermann interpretiert diese Wendung „von vorn geboren" im gleichen Sinne wie manche andere Stelle im Johannes-Evangelium, etwa „die Welt wird überwunden", „Wahrheit macht frei", „das Dunkel tut sich auf zum Licht", nämlich als Ausdruck des Urvertrauens, das in der ganz persönlichen Beziehung des Menschen zum Göttlichen allein Halt schenkt im irdischen Dasein. Ohne dieses Vertrauen bleibt der Mensch verhaftet im „Fleisch", im Materiellen, und wird von der Angst, der Ohnmacht, dem Ausgeliefertsein und der Richtungslosigkeit beherrscht.

Vertiefende Aspekte: Veden, Upanishaden und Bhagavadgita

Bei den nachstehenden Zitaten folge ich der englischen Übersetzung aus dem Sanskrit von Sri Aurobindo und seiner Interpretation.

Dieses Feuer von dir fachen wir an, oh Gott, oh Flamme, leuchtend, unveränderlich, wenn die wirksamere Kraft deiner Arbeit in unseren Himmeln lodert. Schenke jenen, die dich annehmen, deine treibende Kraft.
Rig-Veda V, 6, 4

Diese Hymne an das mystische Feuer, wie Sri Aurobindo sie nennt, ist an Agni gerichtet. Der Name der Gottheit stammt aus einer Sanskritwurzel, die ein Feuer mit leuchtender Helligkeit bezeichnet; die innere Qualität des Begriffs steht aber auch für Stärke und Kraft, Schönheit und Glanz, Führung und Vorrang. Die vedische Gottheit Agni ist die erste der Mächte, die aus dem absoluten Göttlichen hervorgingen. Es darf dabei nicht übersehen werden, dass alle in den Veden erwähnten Gottheiten nur *Aspekte* des einen universellen Göttlichen sind und ihre Namen bestimmte Eigenschaften des Göttlichen bezeichnen. Eine Parallele findet sich übrigens im Islam: Im Koran wird Allah mit 99 Namen bezeichnet, die jeweils für eine Eigenschaft Gottes stehen, etwa „der Liebevolle", „der Verzeihende" und „das Licht". Dabei käme niemand auf die Idee – wie es hingegen bei hinduistischen Texten der Fall ist –, diese Eigenschaften als eigenständige Gottheiten zu betrachten.

Agni als Feuer ist die Voraussetzung für ein Opfer: im wörtlichen Sinn für das Opfer des Priesters auf dem Altar. In der tieferen Bedeutung steht Agni aber für das Feuer der Sehnsucht nach dem Höheren, für das Feuer, in dem der erwachte Mensch seinen egoischen Willen dem göttlichen Willen opfert. Agnis Aufgabe besteht darin, in seinem Feuer die niedere Natur des Menschen zu verbrennen und die nach Erkenntnis strebende Seele von der Finsternis ins Licht emporzuheben, von Leiden und Mühsal zu Liebe und Glückseligkeit.

So beschwört der Mensch in dieser Hymne Agni als den göttlichen Willen und bittet um dessen treibende Kraft, um leuchtende und stete Führung auf dem Weg zum Göttlichen.

*   *   *

Zwei Vögel mit schönen Flügeln, nahe Gefährten, klammern sich an den gleichen Baum: Einer der beiden isst die Früchte des Baums, der andere beobachtet nur seinen Gefährten, ohne zu fressen.

Die Seele entspricht dem Vogel, der [ins Handeln] versunken auf dem gemeinsamen Baum sitzt; weil er nicht der Gebieter ist, ist er verwirrt und bekümmert. Doch wenn er den anderen sieht, den Herrn und Geliebten, weiß er, dass alles seine Herrlichkeit ist und sein Kummer geht vorbei.

Mundaka-Upanishad, Kapitel 3, Teil 1, Verse 1 und 2

→ Vergleiche Kapitel 1 in Band IV; Info siehe Seite 210

Die beiden Vögel symbolisieren unser zweigeteiltes Wesen: auf der einen Seite die in das weltliche Geschehen verstrickte Seele, die Freude und Leid ausgesetzt ist, auf der anderen Seite das höhere Selbst, das Göttliche in uns, das vom Weltgeschehen unberührt alles beobachtet und zulässt.

Wir sind also im Welttheater in die Handlung verstrickte Schauspieler, die vergessen haben, dass sie nur eine Rolle spielen, und gleichzeitig die Zuschauer, die nicht an der Handlung beteiligt sind und das Schauspiel genießen. Um dem „Drama des Lebens" und dessen Leiden zu entkommen, müssen wir uns bewusst werden, dass wir in Wahrheit eins mit dem Göttlichen sind, das Göttliche selbst.

*   *   *

→ Guna: siehe Glossar Seite 204; vergleiche auch Kapitel 1 in Band IV; Info siehe Seite 210

Der Erhabene [Krishna, in der Bhagavadgita gleichgesetzt mit dem Höchsten, Absoluten, Einen] spricht: „Obwohl die Taten gänzlich durch die Wirkprinzipien der Natur [Gunas] vollbracht werden, denkt derjenige, dessen Selbst durch das Ego verwirrt ist, sein Ich bewirke sie.

Doch jemand, der die wahre Unterscheidung dieser Wirkprinzipien kennt, versteht, dass es die Wirkprinzipien sind,

die gegenseitig agieren und aufeinander reagieren, und
bleibt nicht in ihnen gefangen und verhaftet."
Bhagavadgita III, 27 f.

Der Mensch hält sich für den alleinigen Urheber seiner Taten: Er meint, er handle seinem Willen entsprechend, der
auf Entscheidungen seines Denkens und Fühlens beruht.
Doch alles, was in der äußeren Welt, also durch das körperliche, das mentale und das vitale Ego geschieht, wird von
den Gunas, den Kräften der Natur (auch sie, wie alles, göttlichen Ursprungs) dem göttlichen Willen entsprechend gesteuert, um die Evolution voranzutreiben. Über diese Kräfte
hat der im Ego verhaftete Mensch keinerlei Macht. Er hält
seine Gedanken, Gefühle und Taten für seine eigenen Er-
zeugnisse, obwohl sie in Wirklichkeit nur dem Wirken der
Gunas entspringen. Die wahre Natur des Menschen ist sein
Selbst, der göttliche Kern, ein unbeteiligter, unbewegter
Beobachter, der das Wirken der Gunas betrachtet, zulässt
und genießt, ohne darin verwickelt zu sein – der zweite
Vogel auf dem Baum oder der Zuschauer des kosmischen
Schauspiels.

→ Vitales Ego,
Mentales Ego:
siehe Glossar
Seiten 205/206;
vergleiche auch
Kapitel 1 in
Band IV; Info
Seite 210

→ Vergleiche die
vorangehende
Passage aus
der Mundaka-
Upanishad,
Seite 104

Weil der im Ego gefangene Mensch sich für den Handeln-
den hält, meint er, für die Ergebnisse seiner Taten verantwortlich zu sein, und erhebt den Anspruch, sie nach eigenem Gutdünken zu nutzen.

Erhöhen wir aber das Bewusstsein und realisieren unser
wahres Selbst, so unterstehen die Taten, seien sie in der
äußeren Erscheinung sogenannt gut oder sogenannt böse,
keiner Wertung mehr und die Folgen haben keinen Einfluss
auf das unveränderliche, ewige Selbst. Der vom Ego befrei-
te Mensch erfüllt in allem, was er tut, nur den Willen des
Göttlichen und ist sich bewusst: Nicht er handelt, sondern
sein Körper, und seine Gedanken und Gefühle sind nur die
Werkzeuge der Natur, der göttlichen Wirkungskraft. Dieser
Mensch handelt in „unpersönlicher" (nicht zielgerichteter)
Weise, nicht nach den eigenen Wünschen und um der eigenen Vorteile willen, sondern weil er die ihm im kosmischen
Plan zugeteilten Aufgaben erledigt.

Deshalb gibt es auch keine Werteskala der verschiedenen
Aufgaben: Entscheidend ist, dass jeder von uns seine *eigene*

Aufgabe erfüllt, obwohl wir manchmal das Gefühl haben, was ein anderer mache, sei wertvoller oder weniger wert.

Jede Aufgabe braucht es, jede ist gleich wichtig, nur auf die Haltung, mit der wir sie ausführen, kommt es an. Selbst die altruistischen und idealistischen Werke oder diejenigen, die scheinbar zu Gottes Ruhm und der Verbreitung des spirituellen Bewusstseins unter den Menschen dienen, haben nicht mehr Wert als das Wirken des Bankangestellten, der Verkäuferin, des Taxifahrers.

→ Zur Lebens-
aufgabe
vergleiche
Kapitel 1 in
Band I; Info siehe
Seite 207

In jedem Menschen weiß die Seele um ihre Aufgabe und versucht, oft gegen den Widerstand des Ego, die Taten zu lenken und die Entwicklung voranzutreiben. Vom höheren Bewusstsein aus betrachtet, mag das menschliche Tun noch nicht vollkommen sein – so wie wir Erwachsene bei einem Kind, das gerade lernt, mit dem Löffel zu essen, sehen, wie manches buchstäblich noch daneben geht. Entscheidend ist jedoch ausschließlich unser Bemühen, alles so gut zu machen, wie es uns möglich ist.

* * *

Der Erhabene [Krishna, in der Bhagavadgita gleichgesetzt mit dem Höchsten, Absoluten, Einen] spricht: „Wer die Götter verehrt, geht zu den Göttern; zu den [vergöttlichten] Ahnen geht der Ahnen-Verehrer; zu den Elementargeistern geht, wer den Elementargeistern opfert; doch wer mich verehrt, kommt zu mir. Wer mir mit Hingabe ein Blatt darbringt, eine Blume, eine Frucht, einen Becher Wasser, eine Gabe der Liebe aus der strebenden Seele, ist mir willkommen. Was immer du tust, was immer du genießt, was immer du opferst, was immer du gibst, welche Energie der spirituellen Kraft, des Willens und Bemühens der Seele du aufbringst, mach daraus eine Gabe an mich. [...]

Ich bin gleich in allen Wesen, keines ist mir lieb, keines mir verhasst; aber jene, die sich in Liebe und Hingabe mir zuwenden, sind in mir und ich auch in ihnen. Sogar ein Mensch mit schlechter Lebensführung, der sich zu mir wendet in ausschließlicher und ganzer Liebe, muss als Heiliger betrachtet werden, denn sein fester Wille, sich zu bemühen, ist ein wahrer und vollkommener Wille.

Schnell wird er zu einer Seele der Rechtschaffenheit und erlangt ewigen Frieden. Dies ist mein Versprechen: Wer mich liebt, wird nicht zugrunde gehen."
Bhagavadgita IX, 25 ff.

Der Mensch strebt in seinem Innersten nach dem Göttlichen, dem Einen, Absoluten. Und es gibt so viele Wege, wie es Menschen gibt! Jeder, der mit ehrlicher Hingabe einer Religion, einem Glauben folgt, wird das Ziel seiner Religion erlangen: die Ahnenverehrer die Welt der Ahnen, die Christen das Paradies, die Buddhisten das Nirwana. Und jene, die nach dem höchsten Göttlichen streben, das höchste Göttliche. Solange wir also nicht das Göttliche zum einzigen Ziel unseres Lebens wählen, werden wir es nicht erlangen, sondern stets nur das religiöse Ziel, dem wir uns zuwenden und das wir ersehnen. Gleichermaßen verhält es sich mit den Opfern: Welcher Gottheit wir sie auch darbringen, es sind am Ende immer Opfer an das eine Göttliche. Doch wir sollen sie aus Erkenntnis und bedingungsloser Hingabe nur dem Einen weihen, jedes Werk, jede kleinste Handlung: Dadurch erheben wir uns über die Gegensätze und werden aus den Fesseln des Karma erlöst. In jedem Augenblick unseres Daseins sind wir dann eins mit dem Göttlichen.

„Wer sich mir zuwendet, in Liebe und Hingabe, der ist in mir und ich in ihm." So ermutigend und tröstlich hören sich Krishnas Worte an! Egal, was wir bisher in unserem Leben an sogenannt Bösem getan haben, egal, woran wir glaubten oder nicht glaubten: Fassen wir den Entschluss, uns dem Göttlichen aufrichtig zu ergeben, so verändert sich alles in uns, unser ganzer Weg wird neu bestimmt, denn das Göttliche selbst führt uns und nimmt unsere Last auf sich. Das ist die absolute Befreiung. Das ist das Versprechen des Göttlichen an den Menschen: „Wer mich liebt, wird nicht zugrunde gehen."

Eine Parallele zur Vergebung aller bisherigen Sünden findet sich in der Parabel, die Jesus erzählte, vom Sohn, der seinen Vater verlassen hatte, um in die Fremde zu ziehen. Als es ihm dort aber schlecht ging, kehrte er in Reue zurück und sagte: „Vater, ich habe gesündigt gegen den Himmel und vor dir, und ich bin nicht mehr wert, dein Sohn zu hei-

→ Lukas 15,11ff.

ßen!" Aber der Vater sprach zu seinen Knechten: „Bringt das beste Festgewand und zieht es ihm an und gebt ihm einen Ring an seine Hand und Schuhe an die Füße; und bringt das gemästete Kalb her und schlachtet es; und lasst uns essen und fröhlich sein! Denn dieser mein Sohn war tot und ist wieder lebendig geworden; und er war verloren und ist wiedergefunden worden."

*　*　*

Vollkommenes Fehlen weltlichen Hochmuts und Anmaßung; niemandem Schaden zufügen; eine ehrliche Seele; ein duldsames, langmütiges und wohlwollendes Herz; die Reinheit von Geist und Körper; ruhige Standhaftigkeit und Unerschütterlichkeit; Selbstkontrolle und eine meisterhafte Beherrschung der niederen Natur; die Ehrerbietung aus dem Herzen für den Lehrer. Eine beständige Beseitigung der Anziehung des natürlichen Wesens zu den Sinnesgegenständen; ein radikales Freisein vom Ego; das Fehlen der Anhaftung an und der Vertiefung in Familie und Heim; eine klare Wahrnehmung der mangelhaften Natur des gewöhnlichen Menschenlebens, das ziellos und schmerzlich Geburt und Tod und Krankheit und Alter unterworfen ist; ein beständiger Gleichmut gegenüber allen angenehmen und unangenehmen Ereignissen. Ein meditativer Geist, der sich der Einsamkeit zuwendet und vom unnützen Lärm der Menschenmassen und -versammlungen abwendet; eine philosophische Wahrnehmung des wahren Sinnes und der umfassenden Prinzipien der Existenz; eine ruhige Beständigkeit in der spirituellen Erkenntnis und im inneren Licht; der Yoga einer unerschütterlichen Hingabe; die Liebe zu Gott; des Herzens tiefe und stetige Verehrung der universellen und ewigen Anwesenheit. Das alles gilt als das Wissen; alles Gegenteilige ist Unwissenheit.
Bhagavadgita XIII, 8 ff.

Im dreizehnten Kapitel der Bhagavadgita werden die Voraussetzungen des spirituellen Weges in wenigen Versen zusammengefasst. Ich zitiere sie hier ohne Kommentar, denn mehr zu sagen, gibt es wahrlich nicht.

Vertiefende Aspekte: Diverse Zitate

Auf den vorangehenden Seiten bin ich nur auf christliche und hinduistische heilige Schriften eingegangen. Selbstverständlich gibt es viele mehr aus Buddhismus, Sufismus, Kabbala, Taoismus und weiteren Glaubens- und Philosophierichtungen, die ebenso erwähnenswert wären und woraus ich nachfolgend einige Zitate aufführe als Inspiration und Grundlage für die „Aufgabe zur Selbstveränderung". → Siehe Seiten 116/117

Zitate von Laotse

Der Berufene verweilt im Wirken ohne Handeln. Er übt Belehrung ohne Reden. Alle Wesen treten hervor, und er verweigert sich ihnen nicht. Er erzeugt und besitzt nicht. Er wirkt und behält nicht. Ist das Werk vollbracht, so verharrt er nicht dabei. Und eben weil er nicht verharrt, bleibt er nicht verlassen.

Wer andere kennt, ist klug; wer sich selber kennt, ist weise. Wer andere besiegt, hat Kraft; wer sich selber besiegt, ist stark. Wer sich durchsetzt, hat Willen; wer sich genügen lässt, ist reich. Wer seinen Platz nicht verliert, hat Dauer; wer auch im Tode nicht untergeht, der lebt.

Rückkehr ist die Bewegung des Tao. Schwachheit ist die Wirkung des Tao. Alle Dinge unter dem Himmel entstehen im Sein. Das Sein entsteht im Nichtsein.

Das Tao erzeugt die Eins. Die Eins erzeugt die Zwei. Die Zwei erzeugt die Drei. Die Drei erzeugt alle Dinge. Alle Dinge haben im Rücken das Dunkle und streben nach dem Licht, und die strömende Kraft gibt ihnen Harmonie.

Ohne aus der Tür zu gehen, kennt man die Welt. Ohne aus dem Fenster zu schauen, sieht man das Tao des Himmels. Je weiter jemand hinausgeht, desto geringer wird sein Wissen. Darum braucht der Berufene nicht zu gehen und weiß doch alles. Er braucht nicht zu sehen und ist doch klar. Er braucht nichts zu machen und vollendet doch.

Der Berufene erkennt sich selbst, aber er will nicht schei-
nen. Er liebt sich selbst, aber er sucht nicht Ehre für sich. Er
entfernt das andere und nimmt dieses.

Streben wir nach Wissen, erlangen wir jeden Tag etwas.
Streben wir nach dem Tao, lassen wir jeden Tag etwas los.

*   *   *

Sprüche des Buddha

Geburt ist Leiden, Alter ist Leiden, Tod ist Leiden, Kummer,
Klage, Unbehagen, Unglücklichsein und Verzweiflung sind
Leiden; etwas ersehnen und es nicht bekommen, ist Leiden;
kurz – die fünf Zustände der Anhaftung sind Leiden.

Tage und Nächte vergehen, Leben endet, die Lebensspanne
der Sterblichen versickert wie das Wasser der Flüsse.

Das Leiden gibt es, aber nicht den Leidenden; nicht der
Handelnde, doch die Tat findet man; Frieden gibt es, aber
nicht denjenigen, der ihn empfindet; den Weg gibt es, aber
nicht den Wanderer.

Die Gedanken des Menschen kommen auf und verschwin-
den durch eine Ursache, durch eine Bedingung. Durch
Übung kommen bestimmte Gedanken auf, andere ver-
schwinden durch Übung.

Eine böse Tat, die vollbracht wurde, gerinnt nicht sofort,
genau wie Milch; verzehrend folgt sie dem Narren wie
Feuer, das unter der Asche glüht.

Alle Begehren habe ich losgelassen. Aller Hass ist abgebaut.
Alle Illusion ist von mir gewichen. Ich ruhe und habe das
Nirwana erlangt.

*   *   *

Kabbalistische Zitate

Das Wesen der Gottheit ist in jedem einzelnen Ding – nichts existiert außer ihm. Da es der Grund für die Existenz von allem ist, kann nichts durch etwas anderes leben. Sein Wesen gibt allem Leben; seine Existenz existiert in allem Existenten.
Schreib Gott keine Dualität zu. Lass Gott einzig Gott sein.
Moses Cordovero

Ich bin der Eine, der diesen Baum für die ganze Welt gepflanzt hat, auf dass sie sich an ihm erfreue. Mit ihm umspannte ich das All, nannte es All, denn alles hängt von ihm ab, alles strömt aus ihm heraus, alles braucht ihn, alles sieht ihn an und erwartet ihn. Von hier fliegen die Seelen fort in Freude.
Allein war ich, als ich ihn schuf. Als ich meine Erde ausbreitete, in die ich diesen Baum pflanzte und mit Wurzeln versah – und ihnen die Freude aneinander gab, mich mit ihnen freute –, wer war da bei mir? Wem konnte ich dieses, mein Geheimnis, enthüllen?
Sefer ha-Bahir

Mit dem Erscheinen des Lichts dehnte das Universum sich aus. Mit der Verhüllung des Lichts wurden alle Dinge, die existieren, in ihrer Vielfalt erschaffen. Das ist das Geheimnis des Schöpfungsaktes. Wer versteht, wird verstehen.
Shimon Lavi

Gedanken sind wie ein Spiegel. Wenn man hineinschaut, sieht man darin sein Abbild und denkt, dass es zwei Bilder gibt, aber die zwei sind in Wahrheit eins.
Azriel von Gerona

Eine Wahrheit widerspricht nicht einer anderen, sondern verbindet sich mit ihr und bezeugt sie. Dennoch: Übereinstimmung bedeutet nicht Gleichwertigkeit, und eine Sache bezeugen, heißt nicht, sich mit ihr zu identifizieren.
Averroes

* * *

Sufi-Zitate

Wie lange willst du an eine offene Tür klopfen und darum bitten, jemand möge sie öffnen?
Rabia al-Adawiyya

Hast du je von einem Wesen gehört, das zugleich anwesend und abwesend ist? Ich bin inmitten der Gesellschaft, doch mein Herz weilt anderswo.
Sadi

Es gibt keinen Unterschied zwischen Betrübnis und Gunst, denn beide kommen von Gott und wir erfreuen uns an allem, was er mag.
Al-Ghasali

Demütig lerne Gottes Wesen aus dem Wesen Gottes selbst, niemals aus verstandesmäßigen Beweisen zu erfassen.
Sind etwa eine Fackel oder eine Kerze nötig, um dich den Glanz der Sonne sehen zu lassen?
Djami

Es wird gesagt, dass die Liebe eine Tür zwischen Herzen öffnet. Doch wenn es keine Mauer gibt – wo sollte da eine Tür sein?
Rumi

Der begrenzten Seele, die sich damit begnügt, den Garten zu bewundern, wird das Antlitz des Gärtners vorenthalten.
Rumi

Willst du die Rose – fliehe nicht vor den Dornen. Willst du den Geliebten – fliehe nicht vor dir selbst.
Rumi

Wenn du Perlen suchst, suche sie nicht in einer Pfütze. Wer Perlen finden will, muss tief auf den Grund des Ozeans tauchen.
Rumi

Das Höchste in der Welt und das Niedrigste, mein Gott, bist du. Ich weiß nicht, was du bist, aber alles Existierende bist du.
Firdusi

Ich wollte ein Stein in steiniger Behausung werden, um vor der Liebe zu fliehen. Doch aus dem Stein funkelte die Liebe.
Hafis

Ich sah meinen Herrn mit den Augen des Herzens. Ich fragte: Wer bist du? Er antwortete: Du selbst.
Al-Hallaj

Es ist wichtiger, die Wahrheit über sich selbst herauszufinden als die Wahrheit von Himmel und Hölle.
Hazrat Inayat Khan

✧ Auch wenn wir die kirchlichen Lehren nicht anerkennen, können wir in deren heiligen Schriften dennoch Weisheiten finden. Es ist oft nur eine Frage des Verständnisses und der Interpretation, ob wir sie für sinnvoll halten oder nicht.

✧ Viele alte Texte können wir nicht allein verstehen; wir sollten uns auf gute Kommentare stützen.

✧ Wir dürfen uns bei der Lektüre von heiligen Schriften von unserer Intuition leiten lassen und das annehmen, was in uns anklingt. Auch müssen wir nicht immer alles mit dem Intellekt verstehen, vieles wirkt ganz direkt in der Seele.

✧ Wir sollten uns nicht darauf versteifen, dass alles, was in heiligen Schriften steht, der Wahrheit entspricht; sie wurden schließlich von Menschen verfasst, die nie unfehlbar sind.

✧ Unser wichtigster Lehrer ist in jedem Fall die Lebensschule mit den Erfahrungen und Erkenntnissen, die wir durch unser Wirken gewinnen.

✧ Beharre ich manchmal auf „Wahrheiten", die ich irgendwo gelesen oder gehört habe, und bin deshalb nicht offen für neue Erkenntnisse?

✧ Vertraue ich der Wahrheit in mir noch zu wenig?

✧ Gebe ich beim Lesen alter Texte schnell auf, wenn ich sie nicht auf Anhieb verstehe?

✧ Sammle ich Wissen an, ohne es praktisch im Alltag umzusetzen?

✧ Führe ich unnütze Streitgespräche über die Interpretation von heiligen Schriften oder über die „absolute" Wahrheit?

Entwicklungsziel

Ich öffne mich der Weisheit heiliger Schriften, ohne jedoch dogmatisch einem Glaubenssystem zu folgen.
Ich vertraue stets der Wahrheit, die in mir anklingt – der Wahrheit, die für mich nicht Glauben, sondern Wissen ist.
Ich lerne, die aus Büchern gewonnenen neuen Erkenntnisse in die Praxis umzusetzen.

→ Bitte beachte „Tipps zum Umgang mit der Sonnwandeln-Reihe" auf Seite 17

Eines ist, Bücher zu lesen und zu verstehen; etwas anderes, die neuen Erkenntnisse in den persönlichen Alltag umzusetzen. Daran scheitern wir oft, weil in den Büchern meistens konkrete Anleitungen fehlen. Dann sind wichtige neue Erkenntnisse aber nutzlos.

Aufgabe: Einen heiligen Text im Alltag umsetzen
• Ich wähle eine (kurze) Passage eines heiligen Textes, der in diesem Kapitel zitiert wird, oder eine beliebige eines heiligen Textes, den ich kenne und der mir zusagt. Hier notiere ich den ausgewählten Originaltext:

....

....

....

....

....

....

....

....

• Ich denke darüber nach, was diese Passage konkret für meinen Alltag bedeutet, was ich dabei lernen/verändern/ üben kann. Hier notiere ich, wie ich von nun an mein Verhalten konsequent danach richten will:

....

....

....

....

....

....

....

....

....

Denke stets daran, dass du nicht vollkommen bist. Mach dir niemals Vorwürfe, wenn es dir nicht immer gelingt, deine oben notierte Erkenntnis im Alltag zu praktizieren, oder du es einfach vergisst, zu wenig achtsam bist oder auch gerade keine Lust/Motivation dazu hast. Nimm dir in solchen Fällen lediglich immer wieder vor, es bei der nächsten sich bietenden Gelegenheit erneut zu versuchen.

AFFIRMATIONEN

→ Bitte beachte die detaillierte Anleitung auf Seite 194

ICH WEITE MEIN BEWUSSTSEIN.

ICH VERTRAUE MEINER INNEREN WAHRHEIT.

ICH ÖFFNE MEIN HERZ DER WAHRHEIT IN MIR.

ICH LERNE AUS MIR SELBST, AUS MEINER WEISHEIT.

ICH FINDE ALLE ANTWORTEN IN MIR.

ALLES IST IN MIR, ICH ERKENNE ES.

ICH VERTRAUE MEINER INNEREN STIMME.

ICH LASSE MICH VOM GÖTTLICHEN LEITEN.

DIE GÖTTLICHE WEISHEIT FÜHRT MICH DURCHS LEBEN.

ICH BIN OFFEN FÜR DIE ZEICHEN DES GÖTTLICHEN.

ICH BEJAHE DIE LEBENSSCHULE.

ICH DRINGE ZUR WAHRHEIT IN HEILIGEN SCHRIFTEN DURCH.

ICH WILL LERNEN UND NEHME DIE MÜHSAL AUF MICH.

Wähle eine kurze Passage eines heiligen Textes, der in diesem Kapitel zitiert wird, oder eine beliebige eines heiligen Textes, den du kennst. Notiere sie hier und lerne sie dann auswendig:

....

....

....

....

....

• Ich schließe meine Augen und werde innerlich still, indem ich mich auf meinen Atem konzentriere, ohne seinen Rhythmus zu beeinflussen: Ich beobachte einfach, wie ich einatme, wie ich ausatme, und nehme vor allem diesen Augenblick zwischen Einatmen und Ausatmen wahr, beziehungsweise zwischen Ausatmen und Einatmen, in welchem der Atem „stillsteht", alles bewegungslos ruht.

→ Bitte beachte die detaillierte Anleitung auf Seiten 195ff.

• Aufkommende Gedanken vertreibe ich nicht gewaltsam, sondern versuche, sie ruhig und bestimmt aus mir hinauszuweisen, und kehre immer wieder zur Beobachtung meines Atems zurück. Bei dieser Übung verbleibe ich, bis ich innerlich ruhig bin und die Gedanken schweigen.

• Ich rezitiere gedanklich mehrmals den kurzen heiligen Text, den ich auswendig gelernt habe.

• Dann schweige ich wieder und beobachte, was in mir aufkommt an innerem Wissen. Ich versuche, nicht zu denken, sondern einfach zuzuschauen und das Wissen sich in mir ausbreiten oder setzen zu lassen.

• Wenn die Erfahrung zu verblassen beginnt, fühle ich mich wohl und geborgen, genieße den Frieden und die Ruhe in mir. Dann atme ich tief in den Bauch, öffne die Augen, bleibe noch eine Weile regungslos, schaue um mich, spüre meinen Körper und bewege mich langsam.

Empfohlene Bach-Blüten

→ Bitte beachte
die detaillierte
Anleitung auf
Seiten 198ff.

Haupt-Blüten

Seelenzustand	Nr.
Ich vertraue der Wahrheit in mir nicht, ich suche oft eine Bestätigung bei Autoritäten.	5
Ich habe Schuldgefühle, die von religiösen Vorstellungen (Sünde, Gut/Böse usw.) hervorgerufen sind.	24
Ich unterwerfe mich Dogmen und/oder klammere mich an spirituelle Einzelaspekte und bin dabei sehr streng mit mir selbst.	27

Gewählte Blüten:

☐ ☐ ☐

Zusatz-Blüten

Seelenzustand	Nr.
Ich fühle mich mental erschöpft, wenn ich zu viel lese oder lerne.	17
Ich schwanke zwischen verschiedenen philosophischen/spirituellen Richtungen hin und her.	28
Ich versuche, anderen Menschen meine Überzeugungen missionarisch aufzuzwingen.	31
Ich bin von meinem Glauben so überzeugt, dass ich nicht offen bin für andere Ansichten und Einsichten.	32

Gewählte Blüten:

☐ ☐ ☐ ☐

EMPFOHLENER HEILSTEIN: AZURIT

→ Bitte beachte
die detaillierte
Anleitung auf
Seite 201

Wirkung

Der Azurit fördert unsere Wahrnehmung und Aufnahmefähigkeit im geistigen Bereich. Weil er uns gleichzeitig hilft, die eigenen geistigen Kräfte und unser höheres Bewusstsein zu erkennen, bestärkt er uns darin, die eigene Wahrheit zu sehen und jeweils nur anzunehmen, was in uns anklingt.

→ Vergleiche
auch Kapitel 1
in Band I und
Kapitel 2 in
Band IV

Anwendung

Mit direktem Hautkontakt tragen.

Reinigen und Aufladen

Einmal im Monat über Nacht in einer Schale mit Hämatit-Trommelsteinen entladen.
Dunkelblaue Azurite brauchen nicht aufgeladen zu werden, hellblaue sollte man in der Sonne oder über Nacht in einer Bergkristallgruppe wieder mit Energie versorgen.

Rückschau und Vorschau

*Nachdem du eine Weile – in der Regel mehrere Wochen – in deinem All-
tag zum Thema dieses Kapitels an dir gearbeitet hast, blickst du kurz
zurück und schaust, wo du stehst. Kreuze bei den untenstehenden Aussagen an, was auf dich zutrifft. Sei ehrlich zu dir selbst, ohne falsche
Bescheidenheit und ohne Selbstvorwürfe oder Entmutigung – es ist nur
eine Bestandesaufnahme, ohne Wertung, um zu erkennen, in welchem
Bereich du dich noch bemühen kannst… damit du wirst, was du bereits
bist.*

Lernziele dieses Kapitels Erreicht:	Ja	Nein
Ich habe mich bemüht, heilige Texte zu lesen und zu verstehen.	☐	☐
Ich konnte festgefahrene Glaubenssätze loslassen und mich für neue Einsichten öffnen. Oder: Ich habe verstanden, dass ich mich nicht auf ein Glaubenssystem festlegen muss.	☐	☐
Eine neue Weisheit habe ich in meinem Alltag umgesetzt.	☐	☐
Meiner inneren Weisheit und Wahrheit vertraue ich nun vermehrt. Oder: Ich habe erfahren, dass ich heilige Texte nicht mit dem Verstand verstehen muss, sondern sie direkt in mich eingehen können.	☐	☐

Mein weiterer Entwicklungsschritt

Notiere jetzt eine Einsicht/Herausforderung/Aufgabe, an der du arbeiten willst – aber nur eine!
Dann prägst du sie dir gut ein, bittest das Göttliche, dich dabei zu führen und dein Bemühen zu fördern, und lässt sie los. Du kannst jetzt mit dem nächsten Kapitel und dessen Aufgaben weiterfahren.

Den Entwicklungsschritt, den du hier aufgeschrieben hast, darfst du von Zeit zu Zeit nachlesen, gewissermaßen zur Erinnerung, aber beschäftige dich gedanklich nicht mehr damit. Den Impuls hast du nämlich gesetzt – überlass es dem Göttlichen, ihn so umzusetzen, wie es für dich gut ist.

....

....

....

....

....

....

....

....

....

....

....

....

....

....

....

In der äußeren Welt sehen wir sofort, was echt und was gespiegelt ist. Tatsächlich ist jedoch beides nur ein unscharfes, verzerrtes Abbild der Wirklichkeit – erst im Spiegel unserer Seele erkennen wir alles, wie es in Wahrheit ist.

4. Inneres und äußeres Leben

Themen dieses Kapitels
• Der Rückzug in die Welt der Seele • Das Außen verwandeln • Mit den inneren Augen schauen • Übungen, um die innere Welt zu erfahren • Das Leben in der inneren Welt und die Konsequenzen auf unser äußeres Verhalten • Hindernisse im inneren Leben • Sich eine Weile vollständig aus der Welt zurückziehen? • Verzicht • Gebet und Meditation

Entwicklungsziel
Ich beginne, meine innere Welt zu erforschen und zu erfahren, und ziehe mich immer öfter darin zurück.
Ich ändere meinen Blickwinkel auf die äußere Welt: Ich lebe aktiv in ihr, ohne wirklich Teil von ihr zu sein, und sehe in allem das göttliche Wirken. Nach und nach lasse ich alles Unnötige der äußeren Welt fallen.

In den vorangehenden Bänden dieser Schriftenreihe habe ich stets dafür plädiert, die Spiritualität *im Alltag* zu leben, unser Dasein nicht aufzuteilen in einen spirituellen Teil mit Gebet, Meditation und weiteren Praktiken und einen Teil mit Beruf, Familie und Freizeit. Es ist in der Tat wichtig, in der Konfrontation mit den alltäglichen Gegebenheiten und Herausforderungen, vornehmlich mit den Mitmenschen, an unserem Urvertrauen, Selbstwertgefühl und Gleichmut zu arbeiten, die Ängste und Anhaftungen loszulassen und dadurch innerlich zu wachsen und uns der Vollkommenheit Schritt für Schritt zu nähern.

Es kommt allerdings der Tag, an dem wir manches gelernt und geübt haben, das Ego nicht mehr so stark ist – → Seiten 19ff. vielleicht haben wir auch bereits, wie in Kapitel 1 vorgeschlagen, das Göttliche zu unserem einzigen Lebenssinn und -ziel erklärt. Dann wird es Zeit, uns mehr und mehr zu verinnerlichen. Das bedeutet nicht, uns *physisch* aus der äußeren Welt zurückzuziehen; wir bleiben nach wie vor im Alltag aktiv und stellen die erlangten Eigenschaften unter Beweis, wir handeln im Einklang mit dem göttlichen Plan und erfüllen den göttlichen Willen in unseren weltlichen Lebensaufgaben.

Der innere Rückzug

Was wir hingegen mehr und mehr loslassen, sind die unbedeutenden, banalen, unnützen Tätigkeiten, die nicht unmittelbar mit unserer Lebensaufgabe und unserem spirituellen Weg zu tun haben. Damit meine ich nicht, wir sollen auf jegliche Art Vergnügen, Entspannung oder Ablenkung verzichten, denn auch ein Kino- oder Konzertbesuch kann uns Möglichkeiten zur inneren Entwicklung bieten. Aber jeder von uns geht auch Aktivitäten nach, die uns nicht voranbringen; sind wir absolut ehrlich zu uns selbst, wissen wir sehr wohl, was wir aufgeben müssten.

Das wird uns nicht schwer fallen, denn neben der äußeren materiellen Welt, die wir mit den fünf Sinnen wahrnehmen, existiert noch eine innere – und sie ist mindestens so interessant und spannend! Und nicht minder lehrreich...

Sie kennenzulernen und häufiger in ihr zu leben, bedingt, dass wir uns die Zeit nehmen, allein in Stille zu sitzen – etwa anstatt fernzusehen oder zu diskutieren. Das Gebet und die Meditation sollten fortan einen höheren Stellenwert in unserem Leben einnehmen, ebenso wie jegliche andere Übung, die uns dazu verhilft, mehr in und bei uns selbst zu sein.

Wollen wir dies in unseren von Beruf, Familie und anderen Verpflichtungen geprägten Alltag einbauen, werden wir aus zeitlichen Gründen vermutlich nicht umhinkommen, auf einige unserer äußeren Aktivitäten zu verzichten. Es gilt, sorgfältig abzuwägen auf welche, damit unser listiges Ego uns nicht einredet, wir sollen auf Unangenehmes, Herausforderndes, Ungeliebtes verzichten.

Die endliche Zeit

Wir leben meistens so, als hätten wir ewig Zeit. Natürlich haben wir das auch, von einer höheren Warte aus gesehen: Nach östlichem Verständnis werden wir immer und immer wieder geboren in irdische Existenzen, bis wir die Vollkommenheit erlangt haben, oder, aus christlicher Sicht, im Fegfeuer die Schritte machen, die Lektionen lernen, die wir im diesseitigen Leben versäumt haben.

Die Frage ist, ob wir das wollen. Überlassen wir es der natürlichen Evolution, uns durch langsame, kleine Schritte in der materiellen Welt weiterzuführen, oder entscheiden wir uns für ein forscheres Tempo, indem wir einen bewussten Schritt aus der äußeren, materiellen Dimension in die höhere innere machen?

Es ist in der Tat kein kleiner, leichter Schritt und er lässt sich nicht willentlich von einem Tag auf den anderen vollziehen. Ebenso wie es in den vorangehenden Bänden der Sonnwandeln-Reihe darum ging, das Überwinden unserer Ängste, das Loslassen von Wünschen und Anhaftungen, das Stärken von Urvertrauen, Selbstwertgefühl und Gleichmut und einiges mehr über lange Zeit immer wieder zu üben, so müssen wir uns auch den Weg in der inneren Welt durch geduldiges Praktizieren erarbeiten. Einige Anregungen dazu finden sich in der Rubrik „Fragen & Antworten" des → Seiten 132ff. vorliegenden Kapitels.

Das Außen „verwandeln"

Je mehr wir in und aus unserer inneren Welt leben, desto
mehr werden wir die äußere anders wahrnehmen. Wir
können sie zwar nicht verändern, doch wir schauen sie mit
neuen Augen an, als sähen wir sie durch eine Wahrheitsbrille. Wir sind gleichzeitig ganz in ihr, mehr als wir es je in
unserem Leben waren, und doch unbeteiligte Zuschauer;
wir handeln und zugleich ruhen wir in uns selbst; wir ziehen uns zurück und tauchen doch ins Dasein ein. Wie Jesus
→ Johannes 8,23 sagte: „Ich bin nicht von dieser Welt", während er sich ihr
doch ganz hingab und in ihr wirkte.

Es handelt sich dabei nicht um eine Flucht, wie wir sie
zuweilen bei Menschen beobachten, die mit dieser „bösen"
Welt nicht zurechtkommen, sondern um ein losgelöstes
Sein, vergleichbar einem Tropfen Öl im Wasser: Er ist zwar
darin, doch er vermischt sich nicht damit, bleibt eigenständig und abgegrenzt. Oder wie das im Osten verwendete Bild
der Lotosblume: Sie schwimmt auf dem Wasser, doch das
Wasser nässt sie nicht, die Wassertropfen perlen an ihr ab.
Zu diesem Öltropfen, zu dieser Lotosblüte müssen wir werden, solange wir noch im materiellen Körper weilen – hier
und doch schon jenseits.

Die innere Welt: die Seele

Die Seele hat Teil am Göttlichen, an seinem ewigen absoluten Sein, seiner Weisheit und seiner Glückseligkeit (Sanskrit: Satchitananda); sie ist jedoch gewissermaßen im Hintergrund. Darum herum sind unsere höheren inneren Elemente – inneres Mentales, inneres Vitales, inneres Körperliches – und dominant im Vordergrund das in der Regel einzige für uns wahrnehmbare Element, das Ego.

→ Satchitananda: Glossar Seite 206

→ Diese Elemente sind in Kapitel 2 von Band IV ausführlich erläutert; Info siehe Seite 210

Je mehr wir das Ego verwandeln, umso mehr übernimmt die Seele die Herrschaft über unser Leben, sie lenkt in jedem Augenblick unser Verhalten in der äußeren Welt. Wir werden ihrer gewahr und *sind* Seele, nicht mehr Ego. Es ist schwierig, diese Vorstellung in Worten auszudrücken und für den egoischen Verstand verständlich zu erklären. Es ist eine *Erfahrung*, so real wie das, was wir in der äußeren Welt wahrnehmen; sobald wir sie auch nur einmal, für einen winzigen Augenblick erleben, erkennen wir sie als etwas Großes und zweifeln nicht mehr daran, dass es sich dabei um die Wirklichkeit handelt und alles Äußere nur ein unvollkommenes Abbild davon ist.

Die Seele besitzt die Wahrheit; haben wir die Verbindung zu ihr, dann wissen wir *wahrhaftig*. Bei dieser Art Wissen empfinden wir eine absolute Sicherheit: „Ich weiß es", ohne Begründungen und logische Erklärungen. Oft versucht der Verstand, Zweifel und Gegenargumente anzubringen. Davon dürfen wir uns auf keinen Fall in die Irre führen lassen! Es ist tatsächlich, wie ich es in Bezug auf die Innere Stimme – die Stimme der Seele – erläutere: Sobald wir beginnen, unsere echte Wahrnehmung zu hinterfragen, befinden wir uns wieder im Ego und unterliegen erneut der Täuschung und der Unwissenheit.

→ Siehe Kapitel 6 in Band I; Info Seite 207

Gelingt es uns hingegen, in die Seele einzutauchen, verschwindet die Dualität der äußeren Welt augenblicklich: Es gibt keine Traurigkeit mehr und keinen Schmerz, weder Sorgen noch Ängste noch Schwierigkeiten, nur noch Frieden und Freude. Diesen Zustand können wir anfänglich nicht lange halten, Sekunden, Minuten vielleicht, und sobald wir die Augen öffnen und uns wieder in der äußeren

→ Siehe Meditation Seite 151

Welt befinden, fallen wir in sie zurück, in all das, was wir „Wirklichkeit" nennen, und vergessen schnell die eben gemachte Erfahrung unserer inneren, wahren Wirklichkeit. Manchmal zweifeln wir sogar daran, überhaupt mit der Seele in Kontakt gewesen zu sein, bezeichnen es als Illusion, Hirngespinst oder Wunschdenken.

Doch es ist wichtig, uns daran zu erinnern und uns in jedem Augenblick unseres Lebens bewusst zu sein, dass diese innere Wirklichkeit keine Fantasie ist und wir nur in ihr zu leben brauchen, um Frieden und Freude zu finden. Je öfter wir uns in die Seele fallen lassen, desto stärker beginnt sie sich auch auf den Alltag auszuwirken: Sie schenkt uns Zuversicht und Gelassenheit, Mut und Kraft, und lässt uns die äußere Welt mit den inneren Augen der Weisheit sehen.

Mit den inneren Augen schauen
Eine jüdische Geschichte

Ein alter Rabbi fragte einst seine Schüler, ob sie wüssten, wie man die Stunde bestimmt, in der die Nacht endet und der Tag beginnt.

„Ist es, wenn man von Weitem einen Hund von einem Schaf unterscheiden kann?", fragte einer der Schüler.

„Nein", sagte der Rabbi.

„Ist es, wenn man von Weitem einen Dattel- von einem Feigenbaum unterscheiden kann?", fragte ein anderer.

„Nein", sagte der Rabbi.

*„Aber was ist es dann?",
fragten die Schüler.*

*Der Rabbi antwortete:
„Es ist dann, wenn du
in das Gesicht irgendeines
Menschen blickst und darin
deine Schwester oder deinen
Bruder erkennst."*

Illustration:
Jakob Aerne

Was gehört zu den unbedeutenden, banalen, unnützen Tätigkeiten, die wir aufgeben sollten?

In einem Satz: alles, was uns dem Göttlichen nicht unmittelbar näherbringt. Mehr in der inneren Welt zu leben, bedeutet nicht den vollständigen Rückzug aus der äußeren Welt, denn unser Urvertrauen ist wohl noch nicht absolut, unser Selbstwertgefühl und unser Gleichmut wanken noch. Deshalb sollen wir sie weiterhin üben und unter Beweis stellen bei den täglichen Herausforderungen in Beruf, Familie und anderen äußeren Umständen, kurz: in der Lebensschule. Wir dürfen uns nicht vor Aufgaben und Pflichten drücken, Problemen nicht aus dem Weg gehen mit der Ausrede, uns von der Welt zurückzuziehen – das äußere Leben ist nach wie vor der Ort, an dem wir durch Erkenntnisse und Erfahrungen wachsen.

Unbedeutend, banal und unnütz ist hingegen manche Tätigkeit, mit der wir unsere wertvolle – begrenzte! – Zeit vergeuden: beispielsweise beim Herumzappen am Fernseher (jedoch nicht, wenn wir eine Sendung, die uns interessiert, anschauen); beim Zusammensein mit Menschen, mit denen uns im Grunde genommen nichts verbindet, und beim Diskutieren über Themen, die einzig den Intellekt (auf egoische Weise) fordern; wenn wir stundenlang in der Küche stehen, bloß um die Gäste mit unserer Kochkunst zu beeindrucken (nicht jedoch, wollen wir ihnen damit eine Freude bereiten).

Möglicherweise gehören auch einige unserer Hobbys zu diesen unnützen Tätigkeiten. Sammeln wir Briefmarken, weil wir sie als schön und interessant empfinden, oder ist es zu einer fixen Idee verkommen, alle Marken eines bestimmten Landes, Themas, Jahrgangs besitzen zu *wollen*? Lesen wir über physikalische Phänomene, weil sie uns faszinieren oder um bei Gesprächen mit unserem Wissen zu glänzen und zu beeindrucken? Laufen wir Marathon – und trainieren dafür verbissen –, um uns selbst und/oder anderen etwas zu beweisen? Gerade bei Hobbys und anderen Freizeitaktivitäten, die wir beinahe fanatisch betreiben, mit einer gewissen Ausschließlichkeit, mit Vollkommenheitsanspruch oder Sturheit, ist es angebracht uns zu fragen, *warum* wir es tun, was dahintersteckt – denn offenbar besteht eine erhebliche Anhaftung zur jeweiligen Tätigkeit. Anhaftung, egal zu wem oder was, ist immer egoisch und ungöttlich und verdient in Bezug auf das Loslassen von banalen, unbedeutenden, unnötig von unserer kostbaren Zeit zehrenden Beschäftigungen besondere Beachtung.

Schließlich geht es auch darum, beim Einteilen der uns zur Verfügung stehenden Zeit die richtigen Prioritäten zu setzen. An einem freien Tag können wir es uns durchaus leisten, diesem und jenem nachzugehen, und es bleibt noch genügend Zeit für uns selbst. An einem Tag, an dem wir von morgens bis abends gearbeitet haben, müssen wir wahrscheinlich wählen, ob wir noch eine Stunde fernsehen oder diese Stunde in innerer Sammlung verbringen.

Wir sollen nicht aufgeben, was uns echte Freude bereitet, und schon gar nicht die überaus wichtige Zeit der Muße und Erholung. Es kommt auf die Motivation an, mit der wir einer Tätigkeit nachgehen; in diesem Sinne lassen sich keine allgemein gültigen Aussagen darüber machen, was sinnvoll und was unnütz ist. Die eingangs erwähnte Aussage, das zu lassen, was unserem Weg zum Göttlichen nicht unmittelbar förderlich ist, ist eine gute Richtschnur, horchen wir ehrlich in uns hinein.

*   *   *

Welche Übungen sind hilfreich, um in der inneren Welt zu leben und sie zu erfahren?

Eine Übung, für die wir uns Zeit und Muße nehmen müssen, stelle ich in der Meditation dieses Kapitels vor. Hier → Seite 151 noch einige andere, die in Alltagssituationen unmittelbar praktiziert werden können.

• Bei aufkommenden Regungen, wie Verärgerung, Wut, Traurigkeit, Angst, oder Impulsen, wie etwas zu sagen oder zu tun, Wünsche, Begehren, visualisieren wir einen Spiegel vor uns und lassen die aufgekommene Empfindung sich darin spiegeln. Wir schauen sie an und erkennen, wo sie in uns wohnt/woher sie kommt, welche Gestalt sie hat, was sie macht und mehr. Durch diese Wahrnehmung wissen wir dann auch, wie damit umgehen: ob wir ihr nachgeben oder sie zurückweisen sollen.

• Bei einer unbestimmten Empfindung, wie Lustlosigkeit, schlechte Laune, Melancholie, die wir nicht näher definieren können, spüren wir im Körper, wo sie sitzt: auf der Haut, im Magen, auf Brusthöhe, oft ist sie tief drinnen oder auch ganz unten, als befände sie sich unter den Füßen. Dann fokussieren wir die Konzentration an der betreffenden Stelle und schauen mit den inneren Augen genau hin. So erkennen wir: Es sind diese Worte, die jemand zu mir gesagt hat; oder etwas, was ich gesagt/getan habe; ein bestimmtes Ereignis; und Ähnliches. Die Entdeckung der Ursache verhilft uns zur Einsicht, dass in uns noch etwas ist, das sich verletzt, wertlos, mutlos und mehr fühlt.

• Sind wir mit jemandem im Gespräch, schauen wir ihm tief in die Augen, durch seine Pupillen gehen wir gewissermaßen in ihn hinein. Indem wir in ihm sind, wissen wir genau, was er denkt und fühlt und verstehen, was er uns *jenseits der Worte* wahrhaftig sagt. Nicht umsonst heißt es, die Augen seien das Tor zur Seele. Dieses Vorgehen ist besonders interessant bei Diskussionen, in denen jeder seinen Standpunkt vehement verteidigt: Anstatt immer neue Argumente vorzubringen, treten wir in die Gedanken des anderen ein – wir selbst sind es jetzt, die so denken. Dadurch werden uns sein Standpunkt und die Gründe, warum er ihn einnimmt, absolut klar, sodass das einzig sinnvolle für uns nunmehr nur darin bestehen kann, entweder seine Argumente so stehen zu lassen und die hitzige Diskussion zu beenden oder auf seine *wahren* Gründe einzugehen und die Diskussion dadurch auf einer anderen Ebene zu führen.

• Ähnlich gehen wir vor, wenn wir verstehen wollen, warum sich jemand in einer bestimmten Weise verhält. Anstatt ihm einfach zuzusehen und in Unkenntnis darüber zu urteilen, gehen wir in ihn: Wir fixieren den Blick auf ihn, durchdringen ihn mit unserem Bewusstsein und nehmen gewissermaßen seinen Platz, sein Bewusstsein ein. Nur dann können wir ihn wirklich verstehen – und Verständnis für ihn aufbringen.

• Manchmal können wir uns an etwas Bestimmtes einfach nicht erinnern, so sehr wir uns auch den Kopf zerbrechen.

Das liegt daran, dass wir im Gedächtnis suchen, dieses aber nicht alles speichert. Alles, was wir je gesehen, gehört, gesagt, getan, gefühlt haben – kurz: jede Wahrnehmung – ist jedoch im Bewusstsein vorhanden. Wollen wir eine Erinnerung hervorholen, müssen wir die Gedanken zum Schweigen bringen und uns in das Bewusstsein fallen lassen; hier können wir dann die Frage nach dem Gesuchten stellen oder einfach das Bild der damaligen Situation visualisieren.

→ Dieses Vorgehen ist in der Meditation auf Seite 151 genau beschrieben

Es versteht sich, dass alle diese Praktiken meistens nicht auf Anhieb gelingen, es braucht Wochen, Monate, gar Jahre der Praxis – aber allein schon das Üben macht das alltägliche Leben spannender und interessanter.

*   *   *

Ist der Weg in dieser inneren Welt vergleichbar mit dem in der äußeren, will sagen, gibt es auch hier Herausforderungen, Fortschritte, Rückschläge?

Fortschritte gibt es zweifellos; wie vorher schon erwähnt, können wir nicht einfach, weil wir es gerade beschlossen haben, von einem Augenblick auf den anderen in die innere Welt eingehen. Es ist ein Prozess und selbstverständlich müssen wir üben, wollen wir weiterkommen.

→ Seite 127

Die Begriffe Rückschlag und Herausforderung gehören indes nicht in die innere Welt unserer Seele. Es ist das Ego, das etwas als Rückschlag, Misserfolg, Versagen oder als Herausforderung, Schwierigkeit, Problem wertet. Solange wir im Ego leben, werden wir diese als solche erfahren. Denn ebenso wie unser Urvertrauen nicht immer gleich stark ist und unser Gleichmut uns zeitweilig verloren gehen kann, so sind auch die inneren Erfahrungen nicht konstant. Haben wir etwa ein Ereignis der äußeren Welt einmal durchschaut, also die Wahrheit dahinter erkannt, so kann es dennoch vorkommen, dass wir das nächste Mal überhaupt nicht durchblicken oder einem Irrtum erliegen. Nun mag das Ego dies als Rückschlag werten, die Seele hingegen betrachtet es völlig neutral.

Zu diesem Thema noch einige Erläuterungen aus der Sicht der indischen Philosophie, stark vereinfacht und bildhaft dargestellt. Demnach ist die Seele der göttliche Kern in uns. Ursprünglich ein winziger Funke reinen göttlichen Bewusstseins, entwickelt sich daraus durch die verschiedenen Existenzen nach und nach eine individuelle Seele. Es ist gewissermaßen ein Wachstums- und Reifeprozess, vergleichbar mit dem eines Kindes: Die Seele sammelt Erfahrungen und Erkenntnisse, wächst daran und trägt diese mit sich von Leben zu Leben. Irgendwann hat sie dann eine hohe Bewusstseinsstufe erlangt, sie ist sozusagen erwachsen, und kann fortan das Leben des Menschen, in dem sie inkarniert ist, bewusst gestalten; sie ist nicht länger dem Schicksal unterworfen, sondern vollzieht willentlich, im Einklang mit dem göttlichen Willen, ihre Lebensaufgabe. Der Mensch mit solch einer Seele hat die Gottesverwirklichung, Erleuchtung, Erlösung erlangt – er braucht nicht wiedergeboren zu werden.

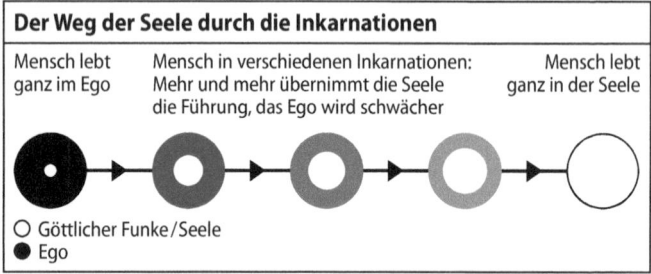

Der Weg der Seele durch die Inkarnationen

Mensch lebt ganz im Ego	Mensch in verschiedenen Inkarnationen: Mehr und mehr übernimmt die Seele die Führung, das Ego wird schwächer	Mensch lebt ganz in der Seele

○ Göttlicher Funke / Seele
● Ego

Der Weg vom göttlichen Funken bis zur erlösten Seele ist lang, er verläuft durch unzählige Inkarnationen. Das bedeutet, dass wir uns heute (sofern wir die Erlösung noch nicht erlangt haben) unserer Seele in höherem oder geringerem Maße bewusst sind und sie unser Leben mehr oder minder lenkt. Mit anderen Worten: Je mehr wir in/aus der Seele leben, desto schwächer ist das Ego.

* * *

Wie sieht denn die Welt aus, wenn wir sie mit den inneren Augen sehen, und welche Konsequenzen hat diese Betrachtungsweise für unser Verhalten?
Mit den Augen der Liebe und des Mitgefühls schauen wir die Welt an, ohne jedoch an ihr und all dem Schrecklichen

zu leiden. Wir fühlen uns unbeteiligt, als geschähe alles nur in einem Film, und doch handeln wir und sind aktiv darin.

In allem sehen wir das Göttliche, im Asphalt, auf den wir unseren Fuß setzen, im Apfel, in den wir genussvoll beißen, im Polizist, der uns einen Strafzettel ausstellt, im Geliebten, der uns liebkost, ... Unser Blick beschränkt sich nicht auf das Sehen der materiellen Form, sondern schaut jenseits davon in das göttliche Bewusstsein. Dadurch verliert vieles seine materielle Bedeutung: Eine Blume erfreut uns nicht mehr, weil sie schön ist, wir sie mit Liebe gehegt und gepflegt haben, sondern einfach weil sie göttlich ist. Manches gewinnt erst durch diesen veränderten Blick eine Bedeutung: In der „hässlichen" Mauer des Nachbarhauses sehen wir keinen kalten, grauen Beton, sondern einfach einen Teil des Göttlichen.

Was sich dabei ebenfalls verändert, ist unsere Genussfähigkeit. Wir wissen ein schmackhaftes Essen wohl noch zu schätzen, aber es schmeckt nicht mehr so *wahnsinnig* gut – es ist einfach *gut*. Und ist es angebrannt, schmeckt es ebenso. Einiges zieht uns nicht mehr so stark an, etwa eine Kunstausstellung, ein Film, eine Ferienreise: Die *unbändige* Vorfreude, der *begeisterte* Genuss entfällt. Es wird alles ein bisschen gleichmütiger – ohne jedoch an Wert einzubüßen. Es darf in diesem Zusammenhang nicht vergessen werden, dass alles Schöne, Liebliche, Gute, das wir sehen, hören, erleben, direkt in die Seele eingeht und hier etwas bewegen kann. Daher sollen wir es keinesfalls asketisch meiden, sondern bloß den früheren Übermut im Genuss in eine ruhige innere Zufriedenheit verwandeln.

Ein weiterer, ganz anderer Aspekt des inneren Schauens ist, dass wir die Ursachen und Zusammenhänge der Ereignisse und Gegebenheiten zu erkennen beginnen. Wir sehen → Vergleiche Übung auf Seite 134 gewissermaßen die Wahrheit dahinter, oder besser gesagt: Wir spüren sie eher, als dass wir sie sehen. Hören wir beispielsweise jemanden reden, sei es ein Bekannter oder ein Unbekannter, wissen wir, ob dieser Mensch die Wahrheit spricht oder nicht, wir erkennen, warum er etwas sagt oder was er damit bezwecken will. Das Gleiche gilt bei Ereignissen wie Unfällen, Naturkatastrophen, aber auch bei glücklichen Fügungen und positiven Wendungen.

Es ist, wie immer bei solchen Themen, nicht einfach, mit Worten zu erläutern, wie sich diese veränderte Wahrnehmung anfühlt; wahrscheinlich ist sie auch nicht bei jedem gleich und wird unterschiedlich beschrieben.

Jedenfalls, je mehr wir in der inneren Welt leben, desto mehr überlagert sie die äußere Welt und wir sehen letztere wie durch eine Wahrheitsbrille; das für gewöhnlich Unsichtbare, Unhörbare, Untastbare wird fühlbar. Dass sich dadurch unser Verhalten völlig verändern kann und wird, ja muss, ist naheliegend.

Diese neue Wahrnehmung kommt, wie gesagt, selbstverständlich nicht über Nacht; auch sollten wir sie nicht *um ihrer selbst willen* anstreben, wie im Übrigen keine okkulte Fähigkeit. Vielmehr wird sie sich von selbst entwickeln und wir werden plötzlich das eine oder andere erkennen, einfach *wissen*. Es ist in etwa vergleichbar mit der Wahrnehmung der Inneren Stimme: Am Anfang vernehmen wir sie nur vereinzelt, doch mit der Zeit ist sie eine ständige Begleiterin, die wir nicht mehr als etwas Besonderes empfinden, sondern als eine selbstverständliche Realität.

*   *   *

Auf welche Hindernisse stoßen wir, wollen wir in der inneren Welt leben und die äußere anders betrachten?
Anhaftung, Wünsche, Ängste – alles, was zum Ego gehört, hindert uns daran, losgelöst von der äußeren Welt zu leben. Auch in Bezug auf die in der vorangehenden Antwort erläuterte Fähigkeit zu einer vertieften Wahrnehmung der äußeren Welt lässt sich sagen: Diese Wahrnehmung funktioniert nicht (mehr), sobald wir in eine Sache *emotional involviert* sind. Ein Beispiel dafür ist das Spüren, ob ein Mensch die Wahrheit sagt oder nicht. Handelt es sich um unseren Partner, von dem wir gerade vermuten, er betrüge uns, so werden wir nicht mit Sicherheit wissen, wann er lügt und wann nicht. Dies deshalb, weil wir eifersüchtig, misstrauisch, verletzt sind, Angst haben, ihn zu verlieren, und mehr, lauter egoische Eigenschaften: Folglich leben wir im Ego und nicht in unserer inneren Welt. Somit kann es uns nicht gelingen, die äußere Welt mit den weisen Augen der Seele zu sehen.

Nur wenn wir den Blick als unbeteiligte Zuschauer darauf richten, enthüllt sich uns die verschleierte Wahrheit.

Das Gleiche trifft in Bezug auf unsere Verinnerlichung zu. Ist unser vitales Ego gerade sehr dominant, etwa weil wir uns verletzt fühlen, vor etwas Angst haben, uns etwas wünschen, so fehlt uns der Gleichmut, der unerlässlich ist, wollen wir uns verinnerlichen. Dabei kommt oft auch der Teufelskreis aus Emotionen und Gedanken in Gang – und das Denken ist ebenfalls eines der großen Hindernisse sowohl für den Rückzug in uns selbst als auch für die Wahrnehmung der Wahrheit außerhalb von uns.

→ Vergleiche Kapitel 2 in Band IV; Info siehe Seite 210

Hier zeigt sich deutlich, wie das gegenwärtige Thema „Innere Welt" keineswegs die in den vorangehenden Bänden der Sonnwandeln-Reihe stärker gewichteten Themen Urvertrauen, Selbstwertgefühl, Gleichmut, Nichtanhaften ersetzt: Vielmehr gehen sie Hand in Hand und ergänzen und unterstützen einander gegenseitig.

*　*　*

Ist es sinnvoll, uns einmal für eine Weile aus dem äußeren Leben ganz auszuklinken, indem wir beispielsweise den Urlaub in einem Kloster verbringen?

Auch in diesem Bereich, wie überall, gilt: Jeder Mensch ist einzigartig und was für den einen völlig ungeeignet ist, mag für den anderen stimmig sein. Deshalb an dieser Stelle nur einige grundlegende Gedanken dazu und gleich zu Beginn die Erzählung meiner persönlichen Erfahrung.

Es geschah zu einer Zeit, als ich bereits ziemlich zurückgezogen lebte. Einmal alle paar Monate ging ich ins Kino, wenn ein Film lief, der mich brennend interessierte; einen Fernseher besaß ich nicht. Außer mit der Familie pflegte ich nur mit ganz wenigen Freunden den Kontakt. Ich meditierte viel, fast täglich rund eine Stunde, betete, und las Bücher von spirituellen Meistern. Natürlich gab es tagsüber meine Arbeit, die mich stark beanspruchte und auch immer mit verschiedenen Menschen in Kontakt brachte.

In dieser Lebensphase beschloss ich einst, mich in den Ferien für eine Woche noch stärker in die Abgeschiedenheit zu begeben. Ich buchte ein Zimmer auf einem Bauernhof, fernab der Welt, in einem idyllischen Tal. Nur die Mahlzeiten nahm ich gemeinsam mit der Familie ein, sonst wollte ich den ganzen Tag allein am Fluss sitzen und in mich gehen. Bewusst nahm ich kein Buch mit, kein Schreibzeug, auch nicht die Wanderschuhe oder irgendetwas, womit ich mir hätte die Zeit vertreiben können.

Am ersten Tag war ich ziemlich beschäftigt damit, meine Gedanken zum Schweigen zu bringen. Es war gar nicht so einfach, draußen zu meditieren, wenn ständig Vögel zwitschern, der Wind in den Blättern rauscht und der Bach unaufhörlich plätschert. Doch am Abend war ich mit mir recht zufrieden, ich fühlte mich ruhig und entspannt.

Der zweite Tag wurde schwieriger. Das Gurgeln des Wassers begann mich zu stören, ich wünschte mir nichts als Stille. Darum entfernte ich mich vom Ufer, bis ich den Bach nicht mehr hörte. Doch dann begann ich alles zu beobachten, was um mich war, Bäume, Blumen, Vögel, die Flugzeuge hoch oben am Himmel, ich lauschte auf jedes Geräusch, sogar auf einen weitab vorbeifahrenden Zug oder Traktor. Ich war unruhig, schaffte es überhaupt nicht, mich zu konzentrieren – von Meditation oder Inmichgehen war nicht die Rede.

Ich wechselte meinen Sitzplatz mehrmals, verzog mich in den Wald, wieder auf die Lichtung, dann erneut zum Fluss – aber es nützte nichts. Ich empfand etwas, das ich nicht näher definieren konnte, etwas zwischen Langeweile, Verdruss und Unruhe. Doch ich harrte bis zum späten Nachmittag aus, als ich zum Bauernhof zurückkehrte und überglücklich war, mich mit der Bäuerin unterhalten zu können.

Am dritten Tag war ich schon beim Aufstehen missmutig; man könnte es schlechte Laune nennen – für mich absolut ungewohnt. Ich hatte überhaupt keine Lust, den Tag erneut allein zu verbringen. Und vor allem nicht in Untätigkeit. Ich beschloss, einen Spaziergang zu machen. Das Gehen tat mir gut, endlich bewegte sich wieder etwas. Ich war bis zum Mittagessen unterwegs, die Landschaft war wunderschön und abwechslungsreich, Wiesen, Felder, bewaldete Hügel und immer wieder Brücken, die über den Fluss führten. Wie gut das tat! Ich musste mir eingestehen, dass die Abgeschiedenheit und Untätigkeit alles andere als einfach für mich waren – ich sie überhaupt nicht aushielt. Obwohl ich mich zu Hause stets danach gesehnt hatte, keine Menschen um mich zu haben, einfach in mich gekehrt zu sitzen, nur dem Göttlichen nahe. Wie unruhig und lästig das Ego sein kann, wenn man es vollständig links liegen lässt, hätte ich nie gedacht! Lesen oder schreiben oder Musik hören, wären ihm vielleicht schon genug gewesen, aber so gar nichts an äußeren Reizen...

Ich fasste einen Entschluss. Am Nachmittag fuhr ich in die nahe Kleinstadt. Ich setzte mich in ein Straßenkaffee, beobachte genüsslich die Vorbeigehenden. Herrlich der Lärm der Autos, das Schwatzen der Leute! Anschließend suchte ich einen Buchladen und kaufte einige dicke Wälzer, die mich bis zum Ende der Ferien ausfüllen würden. Und es blieb auch nicht bei diesem einen Besuch in der Stadt.

Es ist nicht einfach, gewissermaßen von einer Minute auf die andere ganz mit sich selbst allein zu sein. Wir sind es überhaupt nicht gewohnt, nichts zu tun – und die Beschäftigung mit unserer inneren Welt ist für das vitale Ego bei Weitem nicht genug. Es will Action und Spannung in der äußeren Welt; es ist schon viel, wenn es sich für eine Weile mit einer gewissen Muße, bestehend aus Lesen, Musik hören und Ähnlichem, begnügt. Deshalb ist es möglicherweise sinnvoller, anstatt sich gleich für eine ganze oder gar mehrere Wochen zum Klosterleben zu verpflichten, erst einmal nur einen Tag oder vielleicht ein Wochenende lang den Rückzug zu versuchen. Und es braucht für den Anfang ja auch nicht gerade eine Gemeinschaft zu sein, in der überhaupt nicht gesprochen wird und/oder stundenlang strenge Übungen auf dem Programm stehen.

Es kommt darauf an, wie häufig und intensiv wir im Alltag bereits in der inneren Welt weilen und wie stark unsere Sehnsucht nach einem solchen Rückzug ist. Andererseits, wenn etwas uns dazu treibt, sollten wir es wagen – erst die Erfahrung wird zeigen, ob es die Seele war, welche die Stille suchte, oder das Ego, das sich selbst etwas beweisen wollte, übermäßige Härte und Selbstdisziplin ausübte. In meinem Fall war es offenbar das Ego, das sich selbst überschätzte.

→ Vergleiche
Kapitel 6 in
Band III; Info
siehe Seite 209

Abschließend zum Thema Rückzug: Sinnvoll ist auf jeden Fall, anstatt fortwährend die Gesellschaft anderer Menschen zu suchen, mehr Zeit allein zu verbringen, sei es zu Hause, bei Spaziergängen, auch bei bestimmten Arbeiten, die nicht zwangsläufig einen Helfer erfordern.

* * *

Wie sollen wir beten?
Als diese Frage Jesus gestellt wurde, lehrte er das Vaterunser. Ich persönlich halte kein Standardgebet für so wohltuend und wirksam wie ein eigenes Gebet aus unserer Seele. Mehr als ein Gebet handelt es sich dabei ja um ein Zwiegespräch mit dem Göttlichen. Und es ist absolut individuell. Es kann aus einem langen Monolog bestehen oder aus wiederholten Anrufungen, wie ein Mantra, es kann kurz und periodisch über den Tag verteilt sein oder ausgedehnt ein- bis zweimal täglich, es kann still oder ausgesprochen sein, in abgesonderten Zeiten oder während des Ausübens einer Tätigkeit – jede Form, Art und Weise, die spontan der Seele entspringt, ist gut. Bis schließlich jeder Augenblick unseres Lebens zum Gebet wird.

Nur Mut!

Erkenne die Freude, in deine innere Welt einzutauchen! Fürchte dich nicht davor, die äußere zeitweilig zu verlassen.
Du lebst zwar in beiden, doch in Wahrheit gehörst du nur der einen.
Entdecke das Geheimnis, gleichzeitig hier und dort zu sein, in dieser Welt, doch nicht von dieser Welt.

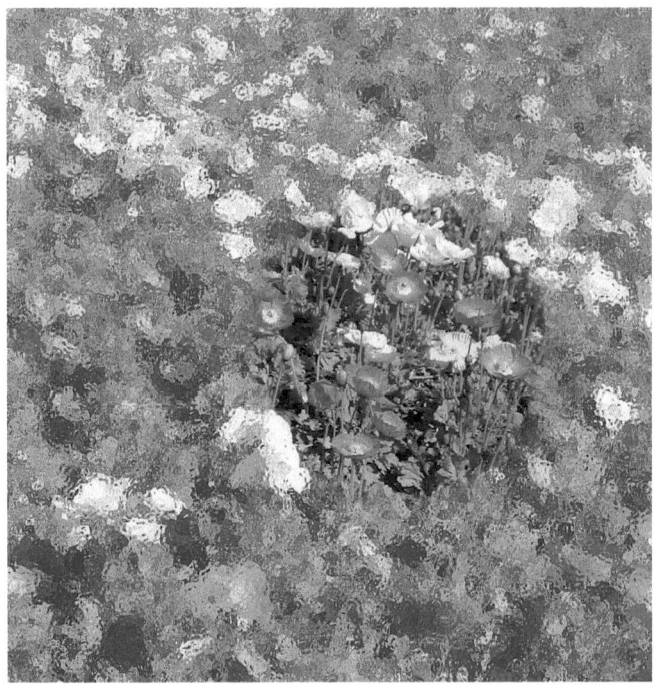

Wie bunt ist dein inneres Reich, wie ein wundersames Kaleidoskop, das in jedem Augenblick neue Farben und Formen hervorzaubert!
Wie wohltuend und friedlich dieser Rückzug in dich selbst!
Fliehe nicht in dich aus Verdruss über die äußere Welt, sondern finde in dir bewusst Frieden und die Quelle der Kraft.
Und vergiss nicht: Auch die äußere Welt ist eine Form des Göttlichen und schenkt dir viel Schönes und Bereicherndes. Denk nur an die Blumen, die Berge, das Meer, die Wolken des Himmels, …
Sieh die Welt mit den Augen der Wahrheit und alles ist schön!
Tausche nicht die eine Welt gegen die andere, aber lebe in der einen im Gedenken an die andere; erhebe dein Bewusstsein, und du wirst erkennen, dass beide eins sind.

Es gibt einen anderen Teil unseres Lebens, dessen wir uns sehr oft nicht bewusst sind und der als „inneres Leben" bezeichnet werden kann. Ohne inneres Leben zu sein, ist so, als fehlte uns ein Arm, ein Bein, ein Auge oder ein Ohr. […] Der Nachteil, wenn wir uns des inneren Lebens nicht bewusst sind, ist unvergleichbar größer als alle Vorteile, die wir gewinnen, wenn wir uns des äußeren Lebens bewusst sind, denn das innere Leben macht uns reicher, das äußere ärmer. […] Das innere Leben verleiht uns Stärke, während das äußere uns schwächt […] Das innere Leben verleiht dem Geist Klarheit, denn es ist der Teil unseres Wesens, den wir als göttlich bezeichnen können, die Essenz des Lebens, die reine Weisheit. Vertiefung in das äußere Leben macht uns blind.

[…] Man kennt die Vorstellung des „dritten Auges". In Wirklichkeit ist dieses dritte Auge das innere Auge, das Auge, das sich öffnet, wenn wir zum inneren Leben erwachen. […] Der Blickwinkel desjenigen, der auf dem Berggipfel steht, ist ganz anders als der Blickwinkel desjenigen, der im Tal steht. Beide sind menschliche Wesen, beide haben die gleichen Augen, doch ihre Horizonte sind unterschiedlich. Inneres Leben bedeutet, seinen Horizont zu erweitern und die Blickrichtung zu verändern.

Mystiker werden oft Seher genannt. Und ein großer Yogi sagte einmal: „Um das zu sehen, was vor dir ist, musst du zuerst in dich hinein schauen." Damit ist gemeint, dass in uns ein Spiegel ist, und es ist dieser Spiegel, den man die innere Welt nennen kann, das innere Leben. […] Wenn die Augen nach draußen schauen, kehren wir dem Spiegel, der in uns ist, den Rücken zu. Doch wenn die Augen nach innen gerichtet sind, dann sehen wir in diesem Spiegel alles reflektiert, was außerhalb ist. Durch diesen Prozess wird das Sehen klar und offenbart Fülle und Ganzheit; das äußere Sehen erscheint vergleichsweise als unscharf oder verzerrt.

[…] Das innere Leben ist in uns. Es wurde „eine Kammer des göttlichen Lichts im Herzen" genannt. Die Tür bleibt verschlossen, bis eine Anstrengung unternommen wird, sie zu öffnen. […]

Die Weisen, die das innere Leben verwirklichten, erlangten es durch kontemplative Methoden.

Hazrat Inayat Khan

[…] dass in der höheren Anschauung das menschliche Innere, die eigene Trieb-, Begierden- und Vorstellungswelt sich genauso in äußeren Figuren zeigt wie andere Gegenstände und Wesenheiten. Die Innenwelt wird für die höhere Erkenntnis zu einem Teile der Außenwelt. Wie wenn man in der physischen Welt von allen Seiten mit Spiegeln umgeben wäre und so seine leibliche Gestalt beschauen könnte, so tritt in einer höheren Welt die seelische Wesenheit des Menschen diesem als Spiegelbild entgegen. […] Er kann jetzt das, was innerhalb seiner Persönlichkeit ist, beobachten als Außenwelt, wie er früher als Außenwelt betrachtete, was auf seine Sinne einwirkte.
Rudolph Steiner

Es sind die alten Yoga-Methoden, die Stille und Einsamkeit fordern. Das Yoga der Zukunft will das Göttliche im Handeln und in der Beziehung zur Welt finden. […] Nach meiner Erfahrung verfallen die Leute in Trägheit, wenn sie in die Einsamkeit gehen. […] Um wirklich sich selbst zu sein, braucht es eine gewisse Kraft im inneren Leben. Es ist besser, die Einsamkeit abwechselnd mit etwas Gegenteiligem zu praktizieren. Doch beide haben ihre Vorteile und Nachteile; letztere lassen sich nur vermeiden, wenn man wachsam ist und das innere Gleichgewicht wahrt.
Ein vollständiger physischer Rückzug ist selten gesund, hingegen kann ein zeitweiliger Rückzug oft hilfreich sein. Doch das Wichtigste sind die innere Loslösung und die Hinwendung zum Göttlichen.
The Mother

Hat ein Mensch die Freude des inneren Lebens gekostet, wird ihn etwas anderes nicht mehr erfüllen können.
The Mother

Es gibt nur eine Lösung: deine Seele zu finden, und wenn du sie einmal gefunden hast, dich verzweifelt an sie zu klammern, damit sie dich Schritt für Schritt führe, über alle Hindernisse. […] Man muss tief in sich hinein gehen und eine wichtige Entdeckung machen: dass man nicht existiert. Da ist nur eines, das existiert, und das ist das Göttliche. Solange du diese Entdeckung nicht gemacht hast, kannst du auf dem Pfad nicht vorankommen.
The Mother

✧ Für jeden Menschen auf dem spirituellen Weg kommt einmal die Zeit, sich etwas aus dem äußeren Leben zurückzuziehen und sich mehr zu verinnerlichen.

✧ Das äußere Leben sollte aber nicht vollständig aufgegeben, sondern vielmehr mit inneren Augen betrachtet werden; worauf wir mehr und mehr verzichten müssen, sind die unbedeutenden, banalen, unnützen Tätigkeiten.

✧ Auch Gebet und Meditation dürfen einen immer wichtigeren Platz in unserem Alltag beanspruchen. Dabei nehmen wir Kontakt zur Seele auf und leben mehr und mehr in ihr statt im Ego.

✧ Indem wir mit den inneren Augen sehen, verändert sich unsere Wahrnehmung: Wir beginnen durch eine Wahrheitsbrille zu schauen und erkennen die Wirklichkeit hinter den Dingen und Ereignissen.

✧ An den wichtigen Eigenschaften Urvertrauen, Selbstwertgefühl und Gleichmut arbeiten wir weiterhin in der äußeren Welt; wir stärken sie aber auch durch unsere wachsende innere Kraft.

❖ Bin ich noch durch Anhaftung, Wünsche, Ängste stark in der äußeren Welt gefangen?

❖ Hindern mich jeweils meine Emotionen daran, die Wirklichkeit hinter den Erscheinungen zu erkennen?

❖ Wenn ich den drängenden Wunsch verspüre, mich aus der äußeren Welt zurückzuziehen: Entspricht er dem wahren Bedürfnis der Seele oder ist es eher eine Flucht?

❖ Verschwende ich viel Zeit mit sinnlosen Tätigkeiten?

❖ Habe ich Angst, mich von der äußeren Welt zurückzuziehen?

Entwicklungsziel

Ich beginne, meine innere Welt zu erforschen und zu erfahren, und ziehe mich immer öfter darin zurück.

Ich ändere meinen Blickwinkel auf die äußere Welt: Ich lebe aktiv in ihr, ohne wirklich Teil von ihr zu sein, und sehe in allem das göttliche Wirken.

Nach und nach lasse ich alles Unnötige der äußeren Welt fallen.

→ Bitte beachte „Tipps zum Umgang mit der Sonnwandeln-Reihe" auf Seite 17

Aufgabe A: Die äußere Welt mit inneren Augen sehen

Ich bin achtsam und versuche immer, hinter die äußere Erscheinung zu blicken. Es ist nicht einfach, dieses Verhalten mit Worten zu erklären; es geht darum, Dinge und Ereignisse nicht in ihrer vermeintlich offensichtlichen Form zu beurteilen, wie es die Menschen allgemein tun, sondern davon zu abstrahieren und in allem nur eine Erscheinung des Göttlichen zu erkennen. Die nachfolgenden Beispiele sollten es verständlicher machen:

• Die äußeren Ereignisse werte ich nicht, sondern sehe in ihnen stets das göttliche Wirken.

• Das Verhalten anderer Menschen bewerte ich nicht als solches, sondern ich erkenne dessen Sinn in einem größeren Zusammenhang.

• In allem, dem sogenannt Schönen und dem sogenannt Hässlichen, sehe ich eine Manifestation des Göttlichen.

• Siehe dazu auch die Übungen unter „Fragen & Antworten" auf den Seiten 133 bis 135.

Aufgabe B: Unnötige Betätigungen in der äußeren Welt aufgeben

Für diese Aufgabe musst du selbst erkennen, welche Betätigungen und Verhaltensweisen du loslassen solltest. Es geht darum, Zeit nicht *sinnlos* in der äußeren Welt zu verbringen – wenn du während dieser Zeit auch in der inneren verweilen könntest. Die nachfolgenden Beispiele sind nur als Anregung gedacht.

• *Ich vermeide unnötiges Reden.* Lieber schweige ich, als Belangloses zu reden oder nur um des Redens willen, weil mir die Stille peinlich, unangenehm, unerträglich ist. Was nicht bedeutet, ich müsse auf ein paar nette (wenn auch oberflächliche) Worte mit dem Nachbarn, den Bürokollegen und anderen verzichten. Es gilt zu unterscheiden, ob ich rede, weil *ich* es brauche, oder ob ich rede, weil ich damit *einem Mitmenschen* eine Freude bereite.

• *Ich vermeide unnötigen Zeitvertreib.* Darunter fallen alle Tätigkeiten, die ich aus Langeweile, Überdruss, Frustration, Kompensation und mehr dergleichen unternehme, wie fernsehen, mich in ein Kaffeehaus setzen, jemanden anrufen oder besuchen, shoppen gehen. Das heißt nicht, dass ich mich nicht meinen Mitmenschen, namentlich der Familie und Freunden, widmen soll. Ich muss unterscheiden, ob ich jemanden besuche, weil *ich* es brauche oder weil ich damit *ihm* eine Freude mache, ihm helfe usw.

• *Ich gebe unnötige Verpflichtungen auf.* Damit sind beispielsweise ehrenamtliche Aufgaben in Vereinen, Mitgliedschaften in Clubs, fixe Zusammenkünfte gemeint, die ich auf mich nehme um der Anerkennung, der Bewunderung, des Lobes, der Flucht vor Einsamkeit oder Langeweile willen und aus anderen egoischen Motiven.

AFFIRMATIONEN

→ Bitte beachte
die detaillierte
Anleitung
auf Seite 194

ICH WENDE MICH DEM INNEREN LEBEN ZU.

ICH LEBE MEHR UND MEHR IN MEINER INNEREN WELT.

DAS INNERE LEBEN IST SPANNEND UND BEREICHERND.

ICH ÖFFNE MEINE INNEREN AUGEN.

ICH WEITE MEIN BEWUSSTSEIN.

MEINE SEELE IST LICHT.

ICH VERTRAUE MEINER INNEREN WEISHEIT.

ALLES IST IN MIR, ICH WILL ES ERKENNEN.

ICH LASSE DAS ALL-WISSEN IN MIR STRÖMEN.

ICH FINDE ALLE ANTWORTEN IN MIR.

ICH RICHTE MEINE WAHRNEHMUNG AUF DAS GUTE UND SCHÖNE.

ICH PFLEGE NUR BEZIEHUNGEN, DIE MIR GUTTUN.

ICH SCHÜTTLE DAS ALTE AB UND SCHAFFE ETWAS NEUES IN MIR.

ICH KONZENTRIERE MEINE ENERGIE AUF DAS WESENTLICHE.

ICH LASSE ALLES LOS UND ÜBERGEBE ES DEM GÖTTLICHEN.

MEDITATION

Bei Imaginationen und Meditationen schreibe ich manchmal, die Konzentration sei in der Mitte der Brust zu fokussieren, habe aber nie erklärt warum. Nach Sri Aurobindo ist hier die Seele. Dem lässt sich entgegnen, die Seele sei doch überall und nicht so klar lokalisierbar. Es ist jedem Leser selbst überlassen, durch eigene Erfahrung zu prüfen, ob er in diesem Bereich hinter dem Herz-Chakra „etwas" spürt, wenn er sich darin fallen lässt.

→ Chakra: siehe Glossar Seite 203

→ Bitte beachte die detaillierte Anleitung auf Seiten 195ff.

• Ich schließe meine Augen und werde innerlich still, indem ich mich auf meinen Atem konzentriere, ohne seinen Rhythmus zu beeinflussen: Ich beobachte einfach, wie ich einatme, wie ich ausatme, und nehme vor allem diesen Augenblick zwischen Einatmen und Ausatmen wahr, beziehungsweise zwischen Ausatmen und Einatmen, in welchem der Atem „stillsteht", alles bewegungslos ruht.

• Aufkommende Gedanken vertreibe ich nicht gewaltsam, sondern versuche, sie ruhig und bestimmt aus mir hinauszuweisen, und kehre immer wieder zur Beobachtung des Atems zurück. Bei dieser Übung verbleibe ich, bis ich innerlich ruhig bin und die Gedanken schweigen.

• Ich lasse mich in meine Seele fallen: in den Punkt in der Mitte der Brust, hinter dem Herz-Chakra. Hier verweile ich still, solange ich mag.

• Ich kann, vor allem wenn meine Stille nachlässt und störende Gedanken aufkommen, auch beginnen zu beten. Es sollen keine auswendig gelernten Standardgebete sein, sondern die Gebete, die aus meinem Herzen aufsteigen, vornehmlich Gebete der Hingabe, Sehnsucht und Liebe zum Göttlichen.

• In dieser Übung verbleibe ich, solange mir wohl dabei ist. Wenn ich nicht mehr mag, atme ich tief in den Bauch, öffne die Augen, bleibe noch eine Weile regungslos, dann schaue ich um mich, spüre meinen Körper und bewege mich langsam.

→ Bitte beachte
die detaillierte
Anleitung auf
Seiten 198ff.

Haupt-Blüten

Seelenzustand	Nr.
Ich habe Angst, in meine innere Welt einzutauchen.	6
Mein inneres Gleichgewicht ist gestört.	28
Ich lasse mich von außen beeinflussen, obwohl ich in mir weiß, was ich tun möchte/sollte.	33
Ich bin sehr stark mit mir selbst im Äußeren beschäftigt.	14

Gewählte Blüten:

☐ ☐ ☐ ☐

Zusatz-Blüten

Seelenzustand	Nr.
Ich fühle mich im Diesseits nicht heimisch, flüchte in Fantasien und Träumereien.	9
Ich bin der Sklave meiner Gedanken, ich kann sie nicht abstellen.	35
Ich bin in der äußeren Welt übereifrig auf einzelne Tätigkeiten, Hobbys und Ähnliches fixiert.	31
Ich bin körperlich und geistig ausgelaugt, weil ich meine Kraft nicht von innen schöpfe.	23

Gewählte Blüten:

☐ ☐ ☐ ☐

EMPFOHLENER HEILSTEIN: BERGKRISTALL

→ Bitte beachte die detaillierte Anleitung auf Seite 201

Wirkung

Der Bergkristall ist der Stein für die innere Welt: Er verbessert die Außenwahrnehmung und die Intuition, schenkt Aufmerksamkeit und Klarheit, verhilft zur objektiven Einschätzung der äußeren und der inneren Welt und ihrer gegenseitigen Einflüsse. Der Bergkristall ist ein Stein des Lichts und fördert unsere Verinnerlichung.

→ Vergleiche Seiten 47 und 185

Anwendung

Der Bergkristall wird aufgestellt im Raum oder – bei kleineren Steinen – auf dem Körper getragen.

Reinigen und Aufladen

Einmal monatlich unter fließendem lauwarmem Wasser reinigen. Zum Aufladen in die Sonne legen.

Nachdem du eine Weile – in der Regel mehrere Wochen – in deinem All-tag zum Thema dieses Kapitels an dir gearbeitet hast, blickst du kurz zurück und schaust, wo du stehst. Kreuze bei den untenstehenden Aus-sagen an, was auf dich zutrifft. Sei ehrlich zu dir selbst, ohne falsche Bescheidenheit und ohne Selbstvorwürfe oder Entmutigung – es ist nur eine Bestandesaufnahme, ohne Wertung, um zu erkennen, in welchem Bereich du dich noch bemühen kannst… damit du wirst, was du bereits bist.

Lernziele dieses Kapitels Erreicht:	Ja	Nein
Es ist mir gelungen, auf eine oder mehrere unnütze Tätigkeiten zu verzichten. Oder: Fixe Verpflichtungen (in Vereinen usw.), die für mein inneres Wachsen überflüssig sind, habe ich auf-gegeben. Oder: Ich umgebe mich nicht mehr mit Menschen, die mir im Grunde genommen nichts bedeuten.	☐	☐
Die äußere Welt mit den inneren Augen zu betrachten, empfinde ich als spannend und bereichernd. Oder: Ich fühle mich weniger gefangen in der äußeren Welt.	☐	☐
Gewisse Regungen / Empfindungen analysiere ich jetzt mit inneren Augen und verstehe sie besser.	☐	☐
Ich meditiere / bete regelmäßig. Oder: Ich verbringe mehr Zeit mit mir allein.	☐	☐

Mein weiterer Entwicklungsschritt

Notiere jetzt eine Einsicht/Herausforderung/Aufgabe, an der du arbeiten willst – aber nur eine!
Dann prägst du sie dir gut ein, bittest das Göttliche, dich dabei zu führen und dein Bemühen zu fördern, und lässt sie los. Du kannst jetzt mit dem nächsten Kapitel und dessen Aufgaben weiterfahren.

Den Entwicklungsschritt, den du hier aufgeschrieben hast, darfst du von Zeit zu Zeit nachlesen, gewissermaßen zur Erinnerung, aber beschäftige dich gedanklich nicht mehr damit. Den Impuls hast du nämlich gesetzt – überlass es dem Göttlichen, ihn so umzusetzen, wie es für dich gut ist.

....

....

....

....

....

....

....

....

....

....

....

....

....

....

Das Leben schleift uns, macht uns glatt und geschmeidig, die Erleuchtung kommt dann von selbst, eine Welle, die über den geschliffenen Stein schwappt. Und wir wissen nicht, wann sie kommt...

5. Und wo bleibt die Erleuchtung?

Themen dieses Kapitels
• Beschreibungen und Berichte über mystische Erfahrungen aus verschiedenen Religionen und Zeitepochen • Zitate aus der Bhagavadgita zur Erleuchtung • Wie und wann erlangen wir die Gottesverwirklichung? • Brauchen wir dazu einen Guru oder Meister?

Und wo bleibt die Erleuchtung?

Eine provokante Frage. Und doch mag sie sich der eine oder andere Leser dieser Sonnwandeln-Buchreihe stellen, nachdem er ihr bis hierher gefolgt ist. Tatsächlich habe ich die Erleuchtung oder Gottesverwirklichung in den vorangehenden Bänden nie zum Hauptthema gemacht, getreu dem Motto: Spiritualität findet im Alltag statt. Doch implizit war es selbstverständlich stets das Wesentliche – alles Bemühen um Urvertrauen, Selbstwertgefühl, Gleichmut, Nichtanhaftung und mehr verfolgt immer dieses eine Ziel. Dass die spirituelle Suche auch das Alltagsleben in dieser Welt erleichtert und zu einem freudvollen, sorglosen, erfüllten macht, ist genau genommen nur die angenehme Nebenwirkung.

Gleich vorweg: Ich habe die Gottesverwirklichung bisher nicht erlangt, weshalb ich in diesem Kapitel nicht von persönlichen Erfahrungen erzählen kann, mich vielmehr auf heilige Schriften und Berichte anderer Menschen stütze.

Das spirituelle Lebensziel ist die Gottesverwirklichung, die auch als Erlösung, Erleuchtung bezeichnet wird, mitunter als *Selbst-Verwirklichung*, also das Gewahrwerden des höheren Selbst in uns; der Buddha nannte es Nirwana.

Unter der Erlösung und dem buddhistischen Erlöschen wird die *Befreiung* aus dem Kreislauf der Existenzen verstanden: Wer sie erlangt, braucht nicht wiedergeboren zu werden. Die Begriffe Gottesverwirklichung und Erleuchtung heben hingegen die *Vereinigung mit dem Göttlichen*, die Überflutung des Geistes mit dem Licht der Weisheit und Wahrheit, des absoluten Seins hervor.

Nachfolgend verwende ich für diesen Zustand nur noch den Begriff *Gottesverwirklichung*, weil er meines Erachtens der umfassendste und aussagekräftigste ist. „Erlösung" impliziert zu sehr den Gedanken, wir seien in dieser Welt unglücklich und wollten nichts wie weg; „Erlöschen" betont einseitig den Aspekt des Sich-Auflösens.

Mit einem Augenzwinkern habe ich im Titel dieses Kapitels von „Erleuchtung" gesprochen, weil dieses Wort umgangssprachlich wahrscheinlich am häufigsten verwendet wird, oft auch ironisch und in anderem Zusammenhang.

Schauen wir uns im Esoterik-Dschungel ein bisschen um, finden wir immer wieder Menschen, die sich selbst als erleuchtet bezeichnen und anbieten, uns zu dieser Erfahrung zu führen – allerdings noch viel mehr Menschen, welche die Erleuchtung am liebsten in fünf Minuten und von einem Guru eingehaucht erlangen möchten!

Was ist die Gottesverwirklichung?

Bei der Gottesverwirklichung handelt es sich um eine mystische Erfahrung. Je nach Glaube wird sie als die Wahrnehmung der Gegenwart Gottes in uns selbst oder außerhalb erfahren, oder als Aufgehen, Versinken im Höheren, in der Empfindung der Einheit mit allem – oder einem Erlöschen.

Die Sprache ist jedenfalls nicht in der Lage, diese Erfahrung zu beschreiben; welche Worte wir dafür auch wählen, es kann sich immer nur um einen Versuch handeln, das Unausdrückbare auszudrücken, und dieser Versuch kann nur unpräzis, unvollkommen, wenn nicht sogar fehlerhaft oder irreführend sein.

Mehrere Beschreibungen und Berichte aus verschiedenen Religionen und Zeitepochen finden sich unter „Vertiefende Aspekte"; es lässt sich dabei unschwer feststellen, dass die gewählte Terminologie jeweils den religiösen Hintergrund des Schreibenden widerspiegelt. → Seiten 161ff.

Nachfolgend führe ich einige Zitate aus der Bhagavadgita auf, die sich expliziter und ausschließlicher als andere heilige Schriften dazu äußert. Es spricht Krishna, in der Gita als der Höchste, Absolute, Eine verstanden: → Aus der englischen Ausgabe von Sri Aurobindo, von mir ins Deutsche übertragen

„Wenn durch alle Türen des Körpers eine Lichtflut hineinströmt, das Licht der Erkenntnis, der Wahrnehmung und des Wissens [...]" → Gita XIV, 11

„Das ist brahmi sthiti [das Gefestigtsein im Brahman, also im Einen, Absoluten]. Wer dahin gelangt, ist nicht länger verwirrt; wer bei seinem Ableben in diesem Zustand fest gegründet ist, kann das Erlöschen im Brahman erlangen." → Gita II, 72; Brahman: siehe Glossar Seite 203

„Wenn du dieses Wissen [das von der Gita vermittelte] erworben hast, wirst du nicht wieder in die Unwissenheit des Verstandes fallen; denn durch dieses Wissen wirst du alles Existierende, ohne Ausnahme, im Selbst erkennen, und dann in mir." → Gita IV, 35

→ Gita V, 21ff. „Wenn die Seele nicht länger an den Berührungen der äußeren Dinge hängt, findet man die Glückseligkeit, die im Selbst wohnt; solch ein Mensch erfreut sich der unvergänglichen Glückseligkeit, denn sein Selbst ist im Yoga-Zustand durch das Yoga mit dem Brahman vereint. [...] Wer die innere Glückseligkeit besitzt und den inneren Frieden und das innere Licht, wird zum Brahman und erlangt das Erlöschen seines Selbst im Brahman. Das Nirwana im Brahman erlangen die Weisen, in denen der Makel der Sünde getilgt und der Knoten des Zweifels durchtrennt ist; sie sind Meister ihres Selbst und wirken Gutes an allen Wesen."

→ Gita VI, 28f. „Erlöst vom Makel der Leidenschaften und beständig im Yoga-Zustand, erfreut sich der Yogi leicht und froh der Berührung des Brahman, was mit einer überwältigenden Glückseligkeit einhergeht. Der Mensch, dessen Selbst im Yoga-Zustand ist, erkennt das Selbst in allen Wesen und alle Wesen im Selbst, sein Blick ist überall gleichgeartet."

Wer exaktere Angaben erwartet hatte, mag jetzt enttäuscht sein. Und doch findet sich in diesen Aussagen vieles, was in Beschreibungen dieses Zustands immer wieder erwähnt wird: Licht/Erleuchtung, Befreiung/Erlösung, Einheit mit dem Göttlichen und mit allen Wesen, absolute Glückseligkeit, Selbst-Erkenntnis (Verwirklichung unseres wahren, höheren Selbst) und Erkenntnis des Göttlichen.

Belassen wir es dabei, bis wir das Unbeschreibliche selbst erfahren...

Wie erlangen wir die Gottesverwirklichung?

Es gibt so viele Wege zum Göttlichen, wie es Menschen gibt. Es kann nicht sein, dass es einen *einzigen* Weg gibt, der für *alle* passt und *alle* selig macht. Jeder Mensch findet irgendwann seinen *ureigenen*, mit individuellen Herausforderungen und Chancen; das Göttliche selbst führt ihn dahin.

Getreu den vorangegangenen Bänden der Sonnwandeln-Buchreihe will ich hier den „Weg des Alltags", den Weg der Vervollkommnung *in der Welt*, nicht in asketischem Rückzug aus der Welt, nochmals kurz skizzieren. Genannt habe ich unter anderen Eigenschaften und Voraussetzungen immer wieder Urvertrauen, verschiedene Aspekte des Gleichmuts, Verwandeln des Ego, Hingabe an das Göttliche, Liebe für sich selbst (zum eigenen höheren Selbst) und für alle Wesen. Und all dies immer mit beiden Füßen auf dem Boden und im alltäglichen Handeln.

Nach der Bhagavadgita ist das nicht zielgerichtete Handeln des Karma Yoga der Weg zur Gottesverwirklichung. Dabei werden vier wesentliche Grundlagen des Handelns beschrieben:

→ Karma Yoga: siehe Glossar Seite 205

• *Einklang mit dem göttlichen Willen.* „Die Weisen, die ihre Einsicht und ihren Willen mit dem Göttlichen geeint haben, verzichten auf die Früchte, die durch die Taten entstehen."

→ Gita II, 51; siehe Kapitel 4 und 5 von Band I

• *Loslassen der Wünsche und Aufgeben des Ego.* „Derjenige erlangt Frieden, in den alle Wünsche eintreten wie das Wasser ins Meer, das fortwährend gefüllt wird und doch stets unbewegt bleibt. [...] Wer alle Begehren loslässt und frei von Verlangen lebt und handelt, wer weder 'Ich' noch 'Mein' mehr kennt, gelangt zum großen Frieden."

→ Gita II, 70f.; siehe Kapitel 3 und 4 in Band IV

• *Stetes Gedenken des Göttlichen.* „Wer in Gedanken fortwährend bei mir ist und an nichts anderes denkt, der Yogi, der in dauernder Vereinigung mit mir weilt, gelangt leicht zu mir."

→ Gita VIII, 14

• *Handeln als Opfergabe.* „Wenn die Menschen ihre Werke in der Welt anders vollbringen denn als Opfer, bleiben sie daran gebunden; als Opfer vollbringe die Werke und werde frei von jeglicher Anhaftung."

→ Gita III, 9

161

Alle Punkte habe ich schon in vorangehenden Bänden der Sonnwandeln-Reihe erläutert, ausführlich allerdings nur die ersten beiden; deshalb gehe ich hier auf die letzten zwei nochmals ein.

Stetes Gedenken des Göttlichen

Während wir handeln – wobei unter Handeln jegliches Tun zu verstehen ist, auch beispielsweise ein Buch lesen oder in der Sonne liegen –, sollen wir mit unserem Denken ununterbrochen beim Göttlichen sein. Keine einfache Aufgabe für unseren rastlos umherschweifenden, flatterhaften Verstand. Es bedeutet, ein hohes Maß an Konzentration und Selbstdisziplin aufzubringen, um die flüchtigen Gedanken immer wieder zurückzuholen und auf das Eine auszurichten. Es mag uns fast als ein Ding der Unmöglichkeit erscheinen und wird uns nicht von einem Tag auf den anderen gelingen, lediglich dadurch, weil wir es so wollen. Es braucht wiederholtes Üben und fortwährende Achtsamkeit, denn allzu leicht vergessen wir uns vollständig in Tagträumereien und erinnern uns erst nach langer Zeit überhaupt wieder daran, dass wir ja an das Göttliche denken wollten. Zudem erfordert es Willenskraft, es ist nämlich überaus anstrengend.

Treffend hat Bruder Lorenz, ein christlicher Mystiker des 17. Jahrhunderts, dieses Verweilen als „allzeit in Gottes Gegenwart" beschrieben:

„Unser Verstand ist äußerst flüchtig; weil aber der Wille alle unsere Kräfte beherrscht, muss er ihn zurückrufen und zu Gott als seinem letzten Ziel und Sinn bringen. […] Machen Sie es sich zur Aufgabe, Ihren Verstand immer in der Gegenwart Gottes zu halten. Wenn er sich zeitweilig verirrt und sich davon entfernt, so seien Sie deswegen nicht beunruhigt. […] Der Wille muss ihn in aller Ruhe zurückholen und sammeln."

Bei Tätigkeiten, die wir beinahe automatisch und ohne Beteiligung des Verstandes ausführen, halten wir es vielleicht noch für möglich, dass wir es durch Willenskraft und fortwährendes Üben irgendwann schaffen, stets beim Göttlichen zu sein. Den praktischen Nutzen davon erkennen wir schnell: Unsere Konzentrationsfähigkeit nimmt zu und die

Arbeit geht uns leichter von der Hand, weil wir keine wertvolle Energie an nutzlose Gedanken verschwenden.

Doch sobald wir etwas tun, das unser Denken erfordert, beispielsweise alle geistigen Arbeiten oder Gespräche mit Mitmenschen, ist es schwer vorstellbar, gleichzeitig noch an das Göttliche zu denken. Und doch ist es möglich: Das Bewusstsein ist dabei gewissermaßen zweigeteilt oder, um ein Bild zu verwenden, das eine geschieht im Vordergrund und das andere im Hintergrund.

Ein Beispiel. Man hat uns zwar gelehrt, zuerst zu denken, bevor wir reden, doch weihen wir auch diese Tätigkeit dem Göttlichen und bitten wir es, die richtigen Worte aus uns fließen zu lassen – nicht diejenigen, die *wir* sagen wollen, sondern *dem göttlichen Willen* entsprechend –, so kommen sie uns leicht und spontan über die Lippen, ohne zu denken, aus einer Art Leere. Manchmal geschieht es, dass wir selbst erstaunt sind über das, was wir sagen, oder es kommt uns vor, als hörten wir es zum ersten Mal, als hätten wir nie etwas Ähnliches gedacht, gehört, gelesen oder gesprochen. So *unbedacht,* im wahren Sinn des Wortes, zu reden, bedingt, dass wir keine Angst vor dem Urteil anderer haben, keine Angst, nicht verstanden zu werden, keine Angst, wehzutun – Urvertrauen und Selbstwertgefühl müssen in uns gut verwurzelt sein.

Handeln als Opfergabe

Die letzte Anforderung der vorangehenden Aufzählung, das Handeln als Opfer darzubringen, schließt die anderen Voraussetzungen und Bedingungen gewissermaßen mit ein.

Opfern wir einer Gottheit Speisen oder Gold, so geschieht dies – oder sollte zumindest geschehen – aus reiner Liebe zur Gottheit und zu ihrer Verehrung, ohne dass wir im Gegenzug etwas erbitten.

Im gleichen Geist müssen wir dem Göttlichen alle Taten als Opfer darbringen: Wir erwarten keine Belohnung dafür, erhoffen uns nicht bestimmte Ergebnisse, verlangen nicht einmal zu wissen, wozu es gut sei. Wir weihen unser Handeln vollständig dem Göttlichen. Wir weihen damit unser ganzes Leben dem Göttlichen, bedingungslos, vertrauensvoll, uneingeschränkt.

→ Gita XII, 6ff.

→ Ich erinnere daran, dass in der Gita „Yoga" eine allgemeine Bezeichnung für „spiritueller Weg" ist und nicht nur bestimmte Praktiken bezeichnet.

Wie bedeutend und grundlegend dies für den spirituellen Weg des Handelns im Alltag ist, zeigt die folgende längere Passage aus der Gita: „Jene, die alle ihre Taten mir überantworten, mir gänzlich hingegeben, mich in einem unerschütterlichen Yoga in Meditation verehren, jene, die ihr Bewusstsein nur auf mich richten – jene befreie ich schnell aus dem Meer des erdgebundenen Daseins.

In mir lass deinen Geist ruhen und auf mich gründe deine ganze Erkenntnis; zweifle nicht daran, dass du jenseits dieses sterblichen Daseins in mir weilen wirst.

Aber wenn es dir nicht gelingt, dein Bewusstsein fortwährend auf mich zu richten, so suche mich durch Yoga-Übung.

Und wenn dir die Suche auch durch die Yoga-Übung nicht möglich ist, dann sei es dein höchstes Ziel, mein Werk zu tun; indem du alle Taten um meinetwillen vollbringst, wirst du die Vollkommenheit erlangen.

Doch falls du selbst dieses fortwährende Gedenken an mich und das Erheben all deiner Werke zu mir als jenseits deiner Kraft empfindest, dann verzichte auf die Früchte deiner Taten und beherrsche dein Ich.

Besser als die Übung ist wahrlich die Erkenntnis; besser als die Erkenntnis die Meditation; besser als die Meditation ist der Verzicht auf die Früchte des Handelns; auf diesen Verzicht folgt der Frieden."

Auch Bruder Lorenz will ich nochmals zitieren, der in seinem Alltag im christlichen Kloster wahren Karma Yoga praktizierte: „Wir brauchen nichts anderes zu tun, als zu erkennen, dass Gott in unserem Innern gegenwärtig ist und wir fortwährend mit ihm sprechen und ihn um seinen Beistand bitten können, damit wir seinen Willen erkennen, wenn wir nicht sicher sind, und das, was wir als seinen Willen erkennen, so tun, wie es getan werden soll; ferner dass wir alles, bevor wir es tun, ihm übergeben und ihm nachher danken, dass wir es um seinetwillen tun durften. […]

So ergeht es mir in meiner Küche. Zuerst hatte ich eine große Abneigung gegen sie; doch seitdem ich mich daran gewöhnt habe, auch hier alles nur aus Liebe zu Gott zu tun und ihn für die Ausführung meiner Arbeit um Beistand zu bitten, ist mir in den vierzehn Jahren, die ich nun schon in der Küche beschäftigt bin, alles ganz leicht gefallen. […]

Für mich besteht kein Unterschied zwischen der Zeit des Gebets und der übrigen Zeit. Ich halte zwar stille Zeiten ein, wenn der Prior sie mir auferlegt, aber sonst brauche ich sie nicht, weil auch die größte Arbeit mich nicht von Gott entfernt. Heilig werden wir nicht, indem wir unsere Werke ändern, sondern indem wir um Gottes Willen verrichten, was wir normalerweise für uns selbst tun. [...]
Wir sollen mit Gott nicht weniger vereint sein, wenn wir arbeiten, als wenn wir beten."

* * *

Wann erlangen wir die Gottesverwirklichung?

Die Gottesverwirklichung ist eine Gnade. Wir haben kein Anrecht darauf, nur weil wir sie ersehnen und uns bemühen. Sie kommt, wenn und wann das Göttliche es will, in diesem Leben oder in einem künftigen. Und ebenso wie wir alle irdischen Wünsche und Ziele aufgeben sollen, gilt das Gleiche für die Gottesverwirklichung. Wohl treibt uns die Sehnsucht nach dem Göttlichen auf dem spirituellen Weg voran, sie ist in diesem Sinn unerlässlich, doch zuletzt müssen wir auch diesen Wunsch aufgeben: Loslassen, uns gedulden – irgendwann wird sie uns geschenkt.

Es ist das Versprechen des Göttlichen an den Menschen, wie es in der Bhagavadgita so wunderbar formuliert ist: „Im Göttlichen allein nimm Zuflucht auf allen Wegen deines Seins und durch seine Gnade wirst du den höchsten Frieden und den ewigen Zustand erlangen." → Gita XVIII, 62

* * *

Brauchen wir zum Erlangen der Gottesverwirklichung einen Guru oder Meister?

In vielen mystischen Traditionen, namentlich des Hinduismus und Sufismus, wird ein persönlicher Guru oder Meister, der den Schüler anleitet und führt, als unerlässlich erachtet; sogar im Buddhismus, der als Selbsterlösungslehre gilt, kann ein Meister wenigstens eine Zeitlang durchaus förderlich sein. Allerdings ist die Gottesverwirklichung eine Erfahrung, die nicht durch Wissen erlangt wird. Im

Zen geht man so weit zu sagen, es könne nicht gelehrt werden. Deshalb mag ein Meister eine Hilfe sein, indem er Erkenntnisse vermittelt und erläutert, uns teilweise auch durch übersinnliche Fähigkeiten unterstützt, dennoch muss der Schüler jeden Schritt selbst gehen. Es gibt aber ebenso Zeugnisse von Menschen, die nie einem Meister gefolgt sind und die Gottesverwirklichung doch erlangt haben. Der spirituelle Weg ist schlussendlich wohl immer ein Weg der Nicht-Anhaftung, sodass also auch der Meister irgendwann losgelassen werden muss.

Besonders in Acht nehmen sollten wir uns vor „falschen Propheten", welche die Erlösung und das Allwissen nicht selbst erfahren haben und ihre Schüler einen Weg zu führen versuchen, der möglicherweise nicht für sie geeignet ist. Wie Jesus sagte: „Hütet euch aber vor den falschen Propheten, die in Schafskleidern zu euch kommen, inwendig aber reißende Wölfe sind! *An ihren Früchten sollt ihr sie erkennen.*" Ein wahrer Guru versucht jedenfalls nie, einem Schüler irgendwelche Glaubensinhalte aufzudrängen, sondern wird ihn immer anhalten, alles selbst zu erfahren und nur anzunehmen, was in ihm anklingt.

→ Matthäus 7,15f.

Oft wünschen wir uns einen Meister – es ist ja viel einfacher, uns führen zu lassen, die Verantwortung für unseren Weg bis zu einem gewissen Grad abzugeben, uns jemandem anzuvertrauen, von dem wir glauben, er leite uns auf dem richtigen Pfad. Dagegen ist nichts einzuwenden, solange wir ehrlich mit uns selbst sind und gut in uns spüren, ob es für uns tatsächlich stimmt. Krampfhaft nach einem Meister zu suchen, halte ich hingegen nicht für sinnvoll. Yogananda sagte einmal, es sei nicht der Schüler, der den Meister sucht und findet, sondern umgekehrt.

In jedem Fall ist das Leben selbst unser Lehrer und wir dürfen darauf vertrauen, dass es uns immer im richtigen Moment an die richtigen Menschen heranführt, und nicht nur an Menschen, sondern auch an Bücher und andere Hilfsmittel, die uns von der Stufe, auf der wir uns gerade befinden, einen Schritt weiterführen.

Wann kommt die Erleuchtung?
Eine Zen-Geschichte

Ein junger Mann auf dem spirituellen Weg suchte einen Zen-Meister auf und fragte ihn: „Wenn ich deinen Lehren folge, wie lange wird es dauern, bis ich die Erleuchtung erlange?"

„Etwa zehn Jahre", antwortete der Meister.

„So lange?", sagte der Schüler. „Und wenn ich mich ganz besonders anstrenge, wie lange dauert es dann?"

„In diesem Fall kann es zwanzig Jahre dauern", antwortete der Meister.

Der Schüler verstand nicht und beteuerte: „Ich bin gewillt, jede Härte auf mich zu nehmen. Ich will so schnell wie möglich ans Ziel gelangen."

„In diesem Fall", erwiderte der Meister, „wird es vierzig Jahre dauern."

Illustration:
Jakob Aerne

BERICHTE ÜBER MYSTISCHE ERFAHRUNGEN: JUDENTUM UND CHRISTENTUM

Neues Testament: Apostelgeschichte 9,3 ff.

Als er [Saulus/Paulus] unterwegs war, geschah es, dass er sich Damaskus näherte, und plötzlich umstrahlte ihn ein Licht vom Himmel; er fiel auf die Erde und hörte eine Stimme zu ihm sagen: „Saul, Saul, warum verfolgst du mich?" Er sprach: „Wer bist du, Herr?" Und er antwortete: „Ich bin Jesus, den du verfolgst. Doch steh auf und geh in die Stadt, und es wird dir gesagt werden, was du tun sollst."

Die Männer, die mit ihm reisten, standen sprachlos da; sie hörten zwar die Stimme, sahen aber niemanden. Da erhob sich Saulus vom Boden; als er aber die Augen öffnete, konnte er nicht mehr sehen. Sie mussten ihn bei der Hand nehmen und nach Damaskus führen. Und drei Tage lang konnte er nicht sehen, und er aß nicht und trank nicht.

* * *

Neues Testament: Apostelgeschichte 2,1 ff.

Als der Tag des Pfingstfestes gekommen war, waren alle [Apostel] zusammen am selben Ort. Da kam plötzlich vom Himmel her ein Brausen, wie wenn ein heftiger Sturm daherfährt, und erfüllte das ganze Haus, in dem sie saßen. Und es erschienen ihnen Zungen wie von Feuer, die sich verteilten; auf jeden von ihnen ließ sich eine nieder. Und alle wurden vom Heiligen Geist erfüllt und begannen, in anderen Sprachen zu reden, wie es der Geist ihnen eingab.

* * *

Hildegard von Bingen (deutsche Mystikerin, 12. Jahrhundert)

Meine Seele steigt, wie Gott will, in diesem Gesicht zur Höhe des Firmaments [...] und breitet sich zu mannigfachen Völkern hin, die in weiten Ländern und Räumen mir entfernt sind. Das Licht aber, das ich schaue, ist nicht örtlich, sondern weit und weit heller als die Wolke, die die Sonne trägt. Und nicht vermag ich Tiefe noch Länge noch Breite darin zu erblicken. Und wie Sonne, Monde und Sterne im Wasser widerscheinen, so erglänzen mir darin die Schriften und die Reden und die Kräfte und etliche Werke der Menschen im Gebilde [...] Was ich aber in diesem Gesichte schaue, ist nicht wie Worte, die aus dem Mund von Menschen ertönen, sondern wie eine Flamme, die zittert, und eine Wolke, die sich in der reinen Luft bewegt [...] Was ich in diesem Gesichte schaue und höre, vernimmt meine Seele wie aus einer unerschöpflichen und nimmerleeren Quelle.

*   *   *

Angela von Foligno (italienische Mystikerin, 13. Jahrhundert)
Das ist die eine Weise, wie Gott sich der Seele offenbart. Da fühle ich ihn anwesend im Innern meiner Seele, und ich verstehe, wie er in der ganzen Natur, in allen Dingen, die da sind, zugegen ist, im gefallenen Engel und der Hölle wie im Paradies, in Ehebruch und Totschlag wie in guten Werken und in allem, dessen Grund er ist, Schönem als auch Hässlichem. In dieser Erkenntnis freue ich mich nicht weniger am Anblick Gottes oder eines guten Engels oder eines guten Werkes wie am Anblick eines schlechten.

[Nachfolgend der ausführliche Bericht, den ich in zeitgemäße Sprache umgeschrieben habe]
In der Zeit meiner Bekehrung pilgerte ich zum heiligen Franziskus nach Assisi. Unterwegs sprach ich in Gedanken mit ihm, er solle Gott für mich darum bitten, dass ich seine Regel streng beachte, denn mein Gelübde hatte ich erst vor Kurzem abgelegt. Während ich betend meinem Weg entlangschritt, wurde mir Folgendes gesagt: „Du hast meinen Diener Franziskus angerufen. Ich aber sende dir einen anderen Boten. Ich bin der Heilige Geist und komme zu dir, um dir eine Gnade zu gewähren, wie du sie noch niemals erfahren hast."
Um meine Liebe zu entfachen sprach er: „Meine Tochter, meine Süße! Meine Tochter, mein Tempel, meine Tochter, meine Wonne! Liebe mich, denn ich liebe dich sehr, viel mehr als du mich liebst!"

Mehrmals wiederholte er: „Meine liebe Tochter, meine liebe Braut!" und fügte hinzu: „Ich liebe dich mehr als jede andere im Tal von Spoleto. Ich bin in dich gekommen und weile in dir. Nun komm auch du in mich und weile in mir!"

Meine Seele fühlte deutlich, dass er reine Liebe war. Wiederum redete er mit mir: „Die Liebe, die ich für eine mich wahrhaft liebende Seele hege, ist unendlich. Meine Geliebte, meine Braut, liebe du mich! Denn dein ganzes Leben ist mir geweiht, wenn du mich liebst, ob du isst oder trinkst, schläfst oder wachst. Großes werde ich in dir wirken, in dir werde ich erkannt, verehrt und verherrlicht und alle werden meinen Namen preisen." Noch mehr dergleichen redete er zu mir.

Als ich diese Worte hörte, dachte ich an alle meine Fehler und Unzulänglichkeiten und war überzeugt, dieser Liebe nicht würdig zu sein. Auch begann ich daran zu zweifeln, ob diese Worte wirklich von Gott waren.

„Wärst du der Heilige Geist", sagte meine Seele, „dann würdest du nicht so mit mir reden, denn ich bin ein schwacher Mensch und könnte überheblich werden."

Er antwortete: „Dann prüfe, ob du deswegen der Eitelkeit verfällst, wie du befürchtest. Aber das kannst du nicht."

Also versuchte ich, mich groß und bedeutend zu fühlen. Ich schaute auch um mich in die Rebberge, um mich abzulenken. Wohin ich meine Augen aber auch wandte, in mir sprach eine Stimme: „Sieh ruhig alles an, denn alles, was du siehst, ist mein." Und ich empfand eine unbeschreibliche Glückseligkeit. Ich rief mir alle meine Sünden ins Gedächtnis, bis ich nur noch Sünden sah, und fühlte mich überaus demütig.

Gleichzeitig war in mir diese unendliche Glückseligkeit, während er zu mir sagte: „Ich bin der Heilige Geist in dir" und vieles andere.

Er blieb bei mir, bis ich zum heiligen Franziskus gelangte. Ich trat in die Kirche ein und ließ mich auf die Knie fallen. Als ich das Gemälde mit dem heiligen Franziskus im Herzen von Jesus sah, sprach er zu mir: „So werde ich dich festhalten, viel fester als du es hier siehst!"

Er verließ mich langsam und sanft und sagte noch: „Meine Tochter, meine Liebe, ich liebe dich mehr als du mich und ich verlobe mich mit dir, ich gebe dir den Ring meiner Liebe. Nie mehr wirst du mich verlassen, der Segen des Vaters und des Sohnes und des Heiligen Geistes ist auf dir."

Meine Seele rief: „Dann werde ich also nie mehr eine Todsünde begehen!"

Er erwiderte jedoch: „Dieses Versprechen gebe ich dir nicht." Und war weg.

Ich sank auf den Boden und schrie mit schriller Stimme: „Meine Liebe, kaum habe ich dich kennengelernt, schon verlässt du mich!" Mehr konnte ich nicht sagen, ich schrie nur noch am Eingang der Kirche des heiligen Franziskus und alle, die bei mir waren, schämten sich für mich und glaubten, ich sei von Sinnen.

* * *

Abraham Abulafia (jüdischer Mystiker, 13. Jahrhundert)
Du fühlst, wie dich ein besonderer Geist erweckt, der durch deinen ganzen Körper fließt und dir Freude bringt. Es scheint, als sei feines Balsamöl über dich gegossen worden, von Kopf bis Fuß – einmal, vielleicht mehrere Male. Du bist voller Freude, Entzücken, und du zitterst: Die Seele ist in Entzücken, und der Körper zittert. Wie ein Reiter, der sein Pferd reitet: Der Reiter ist voller Freude und überschwänglich, während unter ihm das Pferd zittert.

Berichte über mystische Erfahrungen: Östliche Religionen

The Mother (Mira Alfassa, spirituelle Gefährtin von Sri Aurobindo, 20. Jahrhundert)

Es war vorgestern Nacht, während über drei Stunden ohne Unterbruch, es gab überhaupt kein Bewusstsein mehr von gar nichts – kein Gedanke, kein Wille, keine Tat, keine Beobachtung, nichts. All das stand still. Es war wie das Hereinströmen einer Macht. Ohne Gedanken, ohne Ideen, nichts als die Empfindung und eine Art Wahrnehmung einer Macht, aber einer gewaltigen Macht, wie die Macht der Erde – alle Mächte zusammen mit einer Bewegung, die von oben kam und die da drinnen etwas bewirkte. Es strömte (vor allem um den Kopf bis in die Brust, aber es war auch im ganzen Körper und es war sphärisch), es strömte und es ging und ging, in eine Richtung, in die andere Richtung, in unzählige Richtungen, und nichts als Bewegungen der Macht (es gab eine Art Farbwahrnehmung, aber nicht in der gewöhnlichen Weise: es war, als gäbe es ein Wissen, dass bestimmte Schwingungen einer Farbe entsprachen), aber es war eine zahllose Masse... jedenfalls undefiniert und gleichzeitig. Zuerst fragte ich mich: „Was geschieht hier?" Dann sagte ich mir: „Nein, das ist nicht wichtig, ich lasse es einfach geschehen."

Und es dauerte und dauerte – drei Stunden ohne Unterbruch. Ich wusste nichts mehr, ich kannte nichts mehr, ich verstand nichts mehr; es gab nur noch diese Macht, die wirkte, und was für eine Macht! [...] Ich nehme an, dass der Verstand, hätte er die Erfahrung bewusst erleben müssen, wahnsinnig geworden wäre. [...] Die ganze Zeit war im Körper etwas wie ein Ekstasezustand – eine Ekstase, glitzernd wie ein Diamant, und so lieblich, so friedvoll! Als wollte sie dem Körper versichern: „Fürchte dich nicht, fürchte dich nicht, es ist alles gut!" Als sagte die höchste Macht die ganze Zeit: „Sei unbesorgt, sei unbesorgt, lass es einfach geschehen." Das dauerte mehrere Stunden. [...]

Und der Verstand absolut schweigend, absolut: Alle Verbindungen gekappt, nur die universellen Kräfte wirkten, mit etwas, das von oben kam und sie alle durchdrang. Und

damit ein Punkt – es war wie ein Punkt in dieser Unermess-
lichkeit, aber ein leuchtender Punkt, absolut ekstatisch, in
einem Frieden!

[...] Es war das erste Mal. Ich hatte schon Kraftströmun-
gen erfahren, ich hatte Kräfte, die kamen, alle möglichen
Dinge; aber das war etwas anderes, es war alles gleichzeitig. Es war gleichzeitig überall, mit diesem Einströmen [...]
Und es gab keine psychischen Wahrnehmungen (wie etwa
Schwingungen von Liebe, Friede, Licht, Wissen, Kraft), das
war es nicht. Dennoch musste all das darin enthalten sein,
denn es waren viele Dinge, die alle ein Einziges waren, aber
eines, das verschiedene Formen annahm; doch die Formen
sah ich nicht; die Farben sah ich nicht. Es war eine reine
Empfindung. Eine reine Empfindung einer Schwingung:
nichts als Schwingungen, Schwingungen, Schwingungen, in
einem unermesslichen Ausmaß.

Es war eine neue Erfahrung. [...] Die Empfindung war...
die Empfindung der Ewigkeit. Ewigkeit außerhalb der Zeit
und – ja, etwas, das sich manifestiert, das sich wahrnehm-
bar macht oder zu wirken beginnt [...] Man könnte auch
sagen: etwas Universelles, das individuell wird. [...] Es war
eine Macht in Bewegung. [...] und so einzigartig, dass es
nicht beschrieben werden kann.

Es war offenbar die Macht.

*   *   *

**Gopi Krishna (indischer Yogi und Mystiker, 20. Jahrhun-
dert, über seine Kundalini-Erfahrung)**
Plötzlich, mit einem Tosen wie bei einem Wasserfall, spürte
ich einen Strom flüssigen Lichts durch mein Rückenmark in
mein Hirn eindringen.

Ich war darauf gänzlich unvorbereitet, es überrumpelte
mich völlig; doch ich erlangte meine Selbstkontrolle wieder
und hielt meinen Geist auf den einen Punkt konzentriert.
Das Leuchten wurde heller und heller, das Tosen immer
lauter, ich empfand eine Erschütterung und dann spürte
ich, wie ich aus meinem Körper hinausglitt, vollständig ein-
gehüllt in einem Lichtschein. Es ist unmöglich, diese Erfahrung genau zu beschreiben. Ich fühlte, wie der Punkt des

Bewusstseins, der ich war, sich ausweitete, von Lichtwellen umgeben.

Er wurde größer und größer, dehnte sich aus, während der Körper – normalerweise der unmittelbare Gegenstand seiner Wahrnehmung – in die Ferne zurückzuweichen schien, bis ich mir seiner überhaupt nicht mehr bewusst war. Ich war jetzt reines Bewusstsein ohne Begrenzung, ohne die Empfindung eines dazugehörenden Körpers, ohne jegliche Sinneswahrnehmung, eingetaucht in ein Meer von Licht, in jedem Punkt gleichzeitig bewusst, wie in alle Richtungen ausgedehnt ohne jegliche Begrenzung oder materielle Hindernisse. Ich war nicht länger ich selbst oder, genauer gesagt, nicht länger das mir bekannte Ich, ein kleiner in einem Körper eingeschlossener Wahrnehmungspunkt, sondern ich war ein weiter Bewusstseinskreis, in welchem der Körper nichts als ein Punkt war, in Licht gebadet und in einem Zustand von Verzückung und Glückseligkeit, der unmöglich zu beschreiben ist.

*   *   *

Rabindranath Tagore (indischer Dichter und Mystiker, 19./20. Jahrhundert)
Eines Tages, am späten Nachmittag, ging ich auf der Terrasse unseres Hauses in Jorasanko auf und ab. Im Glühen des Sonnenuntergangs und fahlen Licht der Dämmerung schien der nahende Abend auf mich einen wundervollen Reiz auszuüben. Sogar die Mauern der angrenzenden Häuser schienen schöner zu werden. War diese Erhebung des äußerlich Trivialen aus der alltäglichen Welt, fragte ich mich, der Magie des Abendlichts zu verdanken? Niemals!

Ich erkannte sogleich, es war die Wirkung des Abends, der in mich gekommen war; seine Schatten hatten mein Selbst verdeckt. Im grellen Tageslicht war das Selbst ungezügelt und vermischte und verbarg alle meine Wahrnehmungen. Jetzt, da das Selbst in den Hintergrund gedrängt wurde, konnte ich die Welt in ihrer wahren Erscheinung sehen. Und diese Erscheinung hat nichts Triviales, sie ist voller Schönheit und Freude.

Seit dieser Erfahrung versuchte ich, mein Selbst bewusst zu unterdrücken und die Welt als bloßer Zuschauer zu betrachten, und ich wurde stets durch eine besonders freudige Empfindung belohnt. [...]

Dann erlangte ich einen weiteren Einblick, der mein Leben lang dauerte. Das Ende der Sudder Street und die Bäume auf dem Grundstück der Free School gegenüber waren von unserem Haus aus sichtbar. Eines Morgens stand ich auf der Veranda und schaute in diese Richtung. Die eben aufgehende Sonne leuchtete durch die Wipfel jener Bäume. Wie ich länger hinsah, schien plötzlich eine Verhüllung von meinen Augen zu fallen, und ich sah die Welt in einen wunderbaren Glanz getaucht, auf allen Seiten umspült von Wellen der Schönheit und Freude. Dieser Glanz durchdrang schlagartig die angehäufte Traurigkeit und Entmutigung meines Herzens und überflutete es mit seinem universellen Licht.

Berichte über mystische Erfahrungen: Diverse

Zarathustra (iranischer Mystiker, 6. Jahrhundert v. Chr.

→ Ahura = Herr
Mazda = weise

Aus seinen Lehrgedichten über die Offenbarung des Gottes Ahura Mazda)

Ich erkannte dich da als heilig, o Mazda Ahura, als dein Engel, der heilige Geist, zu mir kam und fragte, wodurch ich mich kennzeichnen werde, und ich sprach: „Solange dein Feuer flammen wird und ich vor ihm dich anbeten und dir opfern werde, solange werde ich von der Wahrheit nicht abweichen.“

Ich anerkannte dich als heilig, o Mazda Ahura, als der heilige Geist zu mir kam und mich fragte: „Wer bist du und zu welcher Familie gehörst du? Und mit welchem Zeichen wirst du dich vorstellen, wenn man über dich selbst und über das deine dich fragt?“

Ich sagte zu ihm: „Ich bin Zarathustra, und so gut ich es kann, werde ich der wahre Feind der Anbeter der Lüge sein und der mächtige Beschützer der Anhänger der Wahrheit bleiben, damit ich das Reich der grenzenlosen Unsterblichkeit erreichen kann. So werde ich dir immer huldigen und dein Lob singen, o Mazda!

Ich erkannte dich da als heilig, o Mazda Ahura, als dein Engel, der heilige Geist, zu mir kam, und ich zum ersten Mal über deine Gesetze belehrt wurde. Wenn mir auch meine Botschaft unter den Menschen viel Mühe bringen wird, so will ich sie dennoch erfüllen, denn du hast sie als die beste erkannt.

Dann anerkannte ich dich als heilig, o Mazda Ahura, als dein heiliger Geist zu mir kam und dein Engel der Liebe und Treue, der beste von allen, mir verkündete, dass man nicht mehr zur Zufriedenheit der Anhänger der Lüge wirken solle, denn dadurch werden alle Freunde der Wahrheit anfangen, feindselig zu sein.

Mit Hilfe deiner Lobgesänge und Verehrung musst du seinen Blick dir gewinnen. Ja, ich will jetzt mit meinen eigenen Augen das Reich anschauen, das die Stätte der reinen Gedanken, der guten Taten und der heilsamen Worte ist. Nachdem ich Mazda Ahura durch die Wahrheit anerkannte, will ich mein Lob und meine Anbetung vor seinem Thron niederlegen.

Lass mich den Engel der Wahrheit anschauen, denn ich liebe ihn ewiglich!

* * *

Plotin (griechischer Philosoph, 3. Jahrhundert. Aus den Enneaden)
Da lässt er [der erleuchtete Mensch] denn alles Wissen, und bis hierher geleitet und im Schönen feststehend, denkt er bis zu dem Punkte, auf dem er sich befindet; gleichsam getragen von derselben Woge des Intellekts und emporgehoben von ihrem Schwall schaut er und zugleich sieht er nicht, sondern das Schauen füllt die Augen mit Licht und lässt sie nicht ein anderes sehen, sondern das Licht selbst ist das Objekt des Schauens. Denn in jenem ist nicht das eine ein Geschautes, das andere das Licht desselben, nicht Denkendes und Gedachtes, sondern ein Strahl, der dies hernach erzeugt und bei ihm bleiben lässt [...]
Deshalb lässt sich auch ein solches Schauen schwer beschreiben. Wie sollte jemand auch etwas als ein Verschiedenes verkünden, wenn er jenes, als er schaute, nicht als ein Verschiedenes erblickte, sondern als eins mit sich selbst?
[...] Da also nicht zwei da waren, sondern der Schauende selbst und das Geschaute eins waren, gleich als wäre es kein Geschautes sondern Geeintes, so dürfte dieser, der durch Vereinigung mit jenem eins geworden, wenn er sich erinnert, in sich ein Bild von jenem haben. Es war aber auch an sich eins, ohne irgendeine Differenz mit sich noch mit andern in sich zu haben; denn nichts bewegte sich in ihm, kein Zorn, keine Begierde nach etwas anderem war nach seinem Aufsteigen bei ihm vorhanden, auch kein Begriff, kein Gedanke, überhaupt er selbst nicht, wenn man

auch dies sagen darf; sondern wie entzückt und gottbegeistert steht er gelassen in einsamer Ruhe und ohne Wandel da, mit seinem Wesen nirgends abweichend und sich nicht einmal um sich selbst herum drehend, überall fest stehend und gleichsam Stillstand geworden; auch um das Schöne bekümmert er sich nicht, sondern auch über das Schöne ist er hinaus, hinaus auch über den Reigen der Tugenden, einem Mann vergleichbar, der in das innerste Heiligtum eingedrungen ist und die Götterbilder im Tempel hinter sich gelassen hat, die ihm beim Hinausgehen aus dem Adyton wieder zuerst begegnen nach der Schau drinnen und dem Umgang mit dem, was nicht Gestalt und Bild, sondern das göttliche Wesen selbst ist; die Bilder waren denn also Gegenstände des Schauens in zweiter Linie. Dies ist aber vielleicht nicht eine Schau, sondern eine andere Art des Sehens, eine Ekstase, eine Vereinfachung und Hingabe seiner selbst, ein Streben nach Berührung, eine Ruhe und ein Sinnen auf Vereinigung [...] Und vor dem Schauen verlangt er nach dem, was von dem Schauen noch erübrigt; es erübrigt aber für den, der alles überschritten hat, das was vor allem und über allem ist. Denn die Natur der Seele wird ja [...] nicht bei einem anderen, sondern bei sich selbst anlangen, und so ist sie, weil nicht in einem andern, in nichts, sondern in sich selbst; in sich allein sein und nicht in dem Seienden heißt in jenem sein; denn es wird auch jemand selbst nicht Substanz, sondern er überragt die Substanz insoweit, als er mit Gott in Gemeinschaft steht. Wenn nun jemand sieht, dass er dies geworden ist, so hat er an sich selbst ein Ebenbild jenes, und wenn er von sich selbst aus hinübergeht wie das Abbild zum Urbild, so hat er das Ziel der Reise erreicht. Ist er aber aus dem Schauen gefallen, so wird er die Tugend in sich erwecken, sich selbst als allseitig geschmückt wahrnehmen und so sich wieder aufschwingen, durch die Tugend zum Intellekt, durch die Weisheit zu Gott. Und so ist das Leben der Götter, der göttlichen und glückseligen Menschen eine Befreiung von allen Erdenfesseln, ein Leben ohne irdisches Lustgefühl, eine Flucht des einzig Einen zum einzig Einen.

* * *

Charles Lindbergh (amerikanischer Pilot und Schriftsteller, 20. Jahrhundert. Über seinen Flug über den Atlantik)
Das Bewusstsein trennt sich von den Sinnen. Man sieht ohne Augen, und zwar weiter, als der Horizont reicht. Es gibt Momente, da scheint das Dasein sogar vom Geist gelöst. Die Wichtigkeit der physischen Bedürfnisse und der unmittelbaren Umgebung wird überlagert von der Wahrnehmung universeller Werte. Für universelle Zeiträume fühle ich mich getrennt vom Körper, als wäre ich ein Bewusstsein, das sich im Raum, auf Erden und im Himmel ausdehnt, das von Zeit und Materie nicht mehr eingeschränkt wird und frei ist von jeglicher Schwerkraft, die den Menschen immer wieder an die drückenden Erdenprobleme bindet. Ich lebe in der Vergangenheit, in der Gegenwart, in der Zukunft, ich lebe hier und auch anderswo, und dies alles gleichzeitig.

* * *

Edgar Mitchell (amerikanischer Astronaut, 20. Jahrhundert. Über seine Landung auf dem Mond)
Es war ein spirituelles Erlebnis, in dem das Göttliche fast greifbar nahe war, ich wusste, dass das Leben im Universum nicht einfach auf zufälligen Prozessen beruhte. Dieses Wissen stellte sich unvermittelt, ganz intuitiv ein, es war keine Folgerung, zu der ich durch Nachdenken und logische Abstraktion gelangt war. Und es hatte auch nichts mit Informationen zu tun, die mir über die Sinnesorgane zugefallen waren. Es war ein subjektives Wissen, das jedoch mindestens so real und gültig war wie die objektiven Daten, auf denen das Flugprogramm und das Übermittlungssystem beruhten. Ganz offensichtlich hat das Universum einen Sinn und eine Stoßrichtung, da ist eine unsichtbare Dimension hinter der sichtbaren Schöpfung, die dieser eine sinnvolle Ordnung zugrunde legt und dem Leben Sinn verleiht.

* * *

Friedrich Wilhelm Nietzsche (deutscher Philosoph und Dichter, 19. Jahrhundert. Zur Entstehung seines Werks „Also sprach Zarathustra")

[...] ganz plötzlich meldet sich etwas zutiefst Aufwühlendes und Störendes, sicht- und hörbar, mit solcher Eindringlichkeit und Präzision... ein Gedankenblitz, unausweichlich und ohne Zögern [...] Es ist eine Ekstase, deren gewaltige Spannung sich manchmal in einem Tränenstrom Bahn bricht, in dem alles zwischen Heftigkeit und Trägheit ausfließt, beide ungewollt.

Es ist ein Gefühl, vollständig außer Kontrolle zu sein, und das glasklare Bewusstsein, dass mich unzählige Schauder von Kopf bis Fuß durchströmen; es ist ein tiefes Glücksempfinden, in dem selbst noch so schwere und schmerzliche Gefühle stimmig, ja unerlässlich sind in ihrer Wirkung, als wären sie die nötigen Farben in dieser Überschwemmung des Lichts.

Niemand legt einen Schleier über dich, wenn nicht du selbst. Auf deinem Weg gibt es keine Dornen oder Unkraut außerhalb von dir selbst. Du fragst: „Werde ich zum Geliebten gelangen oder nicht?" Zwischen dir und dem Geliebten steht niemand außer du selbst.
Awhaduddin Kermani

Wenn jemand das Göttliche will, wird das Göttliche selbst das Herz reinigen und den spirituellen Weg entwickeln und die nötigen Erfahrungen schenken. Auf diese Weise kann es geschehen und so geschieht es auch tatsächlich, wenn jemand sein Vertrauen und seine Zuversicht in das Göttliche legt und den Willen hat, sich ihm zu ergeben.
Sri Aurobindo

Ein Mensch sollte spirituell üben und zu Gott beten, dass er ihm Gottesliebe schenkt. Er sollte sein Denken auf Gott allein richten und es von den Objekten der Welt abziehen. […] Man wird Gott nicht erkennen, wenn man nicht rastlos um ihn bemüht ist. […] „Ich" und „Mein", das ist nicht Erkenntnis. Wahre Erkenntnis lässt uns empfinden: Oh Gott, du allein handelst, du allein bist mein Eigen, dir allein gehören Haus, Familie, Verwandte, Freunde und die ganze Welt. Alles gehört dir.
Ramakrishna

Du musst nicht kämpfen, um Gott zu erlangen. Aber du musst kämpfen, um den von dir erschaffenen Schleier, der ihn vor dir verbirgt, wegzureißen.
Paramahansa Yogananda

Ich sehe nun, dass alle Wesen die vollkommene Erleuchtung haben – doch sie wissen es nicht.
Buddha

Erleuchtung hat nichts mit Zeit zu tun. Erleuchtung kommt nicht durch jahrelange Übung, jahrelange Entsagung, jahrelange Askese.
Krishnamurti

Durch die unaufhörliche innere Nachforschung, die fragt „Wer bin ich?", wirst du dich selbst erkennen und dadurch Befreiung erlangen.
Ramana Maharshi

AFFIRMATIONEN

→ Bitte beachte
die detaillierte
Anleitung
auf Seite 194

ICH BIN EINS MIT DEM GÖTTLICHEN.

ICH BIN EINS MIT DEM GÖTTLICHEN, ICH BIN EINS MIT ALLEN
WESEN.

ICH BIN LICHT.

ICH BIN UNIVERSELLE ENERGIE.

ICH WEITE MEIN BEWUSSTSEIN.

ICH BIN BEREITS, WAS ICH WERDEN MÖCHTE.

DAS GÖTTLICHE ALLEIN IST MEIN ZIEL.

ICH LEBE DAS GÖTTLICHE IN MIR.

ALLES IST IN MIR, ICH ERKENNE ES.

ICH HABE MICH FÜR DEN WEG DES GÖTTLICHEN ENTSCHIEDEN.

ICH GEBE MICH DEM GÖTTLICHEN GANZ HIN.

ICH BIN GÖTTLICHE LIEBE.

MEDITATION

Die nachfolgende Lichtmeditation ist eine Variante zur reinen Atemmeditation, wie sie in der detaillierten Anleitung auf den Seiten 196/197 beschrieben ist. Wenn du möchtest, kannst du es aber auch bei der Atemmeditation belassen (erste zwei Punkte der nachfolgenden Beschreibung) und diese in Zukunft so oft praktizieren, wie du magst. Sie dient dazu, die Gedanken zum Schweigen zu bringen und dich zu verinnerlichen, und ist eine klassische Form der Meditation zum Erlangen höherer Bewusstseinszustände.

• Ich schließe meine Augen und werde innerlich still, indem ich mich auf meinen Atem konzentriere, ohne seinen Rhythmus zu beeinflussen: Ich beobachte einfach, wie ich einatme, wie ich ausatme, und nehme vor allem diesen Augenblick zwischen Einatmen und Ausatmen wahr, beziehungsweise zwischen Ausatmen und Einatmen, in welchem der Atem „stillsteht", alles bewegungslos ruht.

→ Bitte beachte die detaillierte Anleitung auf Seiten 196f.

• Aufkommende Gedanken vertreibe ich nicht gewaltsam, sondern versuche, sie ruhig und bestimmt aus mir hinauszuweisen, und kehre immer wieder zur Beobachtung des Atems zurück. Bei dieser Übung verbleibe ich, bis ich innerlich ruhig bin und die Gedanken schweigen.

• Jetzt stelle ich mir vor, ich sei Licht, nichts als reines weißes Licht.

• Und rund um mich ist nichts als das gleiche weiße Licht.

• Ich, Licht, verschmelze mit dem Licht um mich, ich löse mich darin auf. Es gibt nichts mehr außer diesem einzigen Licht, alles ist Licht. Ich verweile als dieses Licht, solange ich mag und keine störenden Gedanken aufkommen.

• Wenn die Erfahrung zu verblassen beginnt, fühle ich mich wohl und geborgen, genieße den Frieden und die Ruhe in mir. Dann atme ich tief in den Bauch, öffne die Augen, bleibe noch eine Weile regungslos, schaue um mich, spüre meinen Körper und bewege mich langsam.

Empfohlene Bach-Blüten

→ Bitte beachte die detaillierte Anleitung auf Seiten 198ff.

Haupt-Blüten

Seelenzustand	Nr.
Ich will mich öffnen für geistige Welten.	2
Ich will die Einheit in der Vielheit erkennen.	3
Ich will eine entscheidende spirituelle Wandlung in mir erfahren.	33
Ich will mein spirituelles Lebensziel unbeirrt weiterverfolgen.	30

Gewählte Blüten:

☐ ☐ ☐ ☐

Zusatz-Blüten

Seelenzustand	Nr.
Ich bin zu streng mit mir selbst in Bezug auf meine innere Entwicklung.	27
Ich klammere mich immer noch an vorgegebene Glaubensinhalte und Autoritäten.	5
Aus Angst versuche ich, meinen inneren Entwicklungsprozess zu unterdrücken.	6
Ich verarbeite meine Erfahrungen zu wenig, weshalb meine innere Entwicklung langsam verläuft.	7

Gewählte Blüten:

☐ ☐ ☐ ☐

Empfohlener Heilstein: Bergkristall

→ Bitte beachte
die detaillierte
Anleitung auf
Seite 201

Wirkung

Der Bergkristall ist das Symbol der Vollkommenheit und ein Licht-
bringer; er begleitet uns auf unserem Weg der spirituellen Entwicklung.
Zudem dient er dem Wiederaufladen anderer Heilsteine und kann mit
jedem anderen Stein zusammen eingesetzt werden, um dessen Wirkung zu verstärken.

→ Vergleiche
Seiten 47 und 153

Anwendung

Einen größeren Bergkristall (oder eine Bergkristallgruppe) in dem Raum
aufstellen, in dem wir meditieren oder lesen. Von Zeit zu Zeit die Hand-
innenflächen über die Spitze halten und von seiner wohltuenden Energie schöpfen.

Reinigen und Aufladen

Einmal monatlich unter fließendem lauwarmem Wasser reinigen. Zum
Aufladen in die Sonne legen.

Ein etwas längeres Schlusswort: die Essenz der fünf Sonnwandeln-Bände

Ein See, ruhig und ungetrübt an der Oberfläche, darunter starke, unbekannte Strömungen, im Himmel bedrohliche Wolken und hindurchscheinende Sonnenstrahlen – wie unser Leben in den vergangenen Jahren war, wie unser Leben auch in Zukunft sein wird.

Das spirituelle Leben

„Ich glaube an einen Gott, der die Welt und die Menschen erschaffen hat. Ich glaube aber nicht an jenen Gott, den die Menschen sich erdacht haben. [...] Mit den von den Menschen erdachten Religionen kann ich nichts anfangen. Zu häufig sind sie dazu da, um den Menschen die Angst vor dem Tod zu nehmen, statt dem Leben eine spirituelle Dimension zu geben." Das sagte Bertrand Piccard, Luftfahrtpionier, in jüngerer Zeit bekannt geworden durch die erste Weltumrundung in dem ausschließlich mit Sonnenenergie betriebenen Flugzeug Solar Impulse.

Dem Leben eine spirituelle Dimension geben oder anders gesagt: Die spirituelle Dimension in das Alltagsleben einbringen, die Aufteilung in und die Trennung zwischen Spiritualität und Alltag aufheben, das ist das Ziel meiner Buchreihe Sonnwandeln. Und mit der eigenen Spiritualität ganz im gewöhnlichen Leben anfangen: das Urvertrauen (wieder)finden, um die täglichen Herausforderungen zu meistern und die Angst zu verlieren; das Selbstwertgefühl stärken, um das eigene Leben authentisch und ohne Abhängigkeiten zu durchwandern; mit Gleichmut alles akzeptieren, was uns gegeben und was uns genommen wird. Damit in den verschiedensten Situationen und Stationen unseres Daseins – in Gesundheit oder Krankheit, Alleinsein oder Zweisamkeit, in glücklichen oder schweren Zeiten – immer wenigstens ein Teil von uns noch über den äußeren Ereignissen stehen kann, wie ein unbeteiligter Zuschauer. So vergessen wir in den glücklichen Momenten nicht, dass unser Ziel und Sinn nicht im Irdischen liegt; in den schweren Momenten begleitet uns das Bewusstsein, dass wir in Wahrheit nicht das leidende Ego, sondern die unverwundbare Seele sind, und es bringt zumindest einen Funken Licht und Hoffnung in die Düsternis.

Die Lebensschule

Wir stehen mit beiden Füßen in dieser Welt, im Leben, hier machen wir unsere Erfahrungen, die uns zu Erkenntnissen verhelfen, hier lernen wir in der Lebensschule. Alles und alle sind unsere Lehrer und treiben unsere innere Entwicklung voran.

Dabei stützt uns das Urvertrauen:
- Ich bekomme alles, was ich brauche und mir guttut.
- Es geschieht mir nichts, was nicht gut für mich ist.
- Alles hat einen Sinn und führt mich zum Göttlichen.

Das Selbstwertgefühl trägt dazu bei, indem es uns dabei hilft, unseren Weg eigenständig zu gehen und ohne Angst zu haben, die Liebe und Anerkennung von Mitmenschen zu verlieren:
- Ich liebe mich selbst und bin in mir selbst geborgen.
- Ich nehme mich an, wie ich bin; ich bin wertvoll an sich, als menschliches Wesen, als unsterbliche Seele.
- Ich bin nicht abhängig von anderen Menschen, von deren Bewertung und deren Urteil.
- Ich habe in jeder Situation den Mut, ich selbst zu sein.

Und schließlich ist es der Gleichmut, der unser Leben leicht macht und eine unabdingbare Eigenschaft auf dem Weg zum Göttlichen darstellt – denn das Göttliche ist alles:
- Ich werte nicht, teile nicht ein in gut/schlecht, angenehm/unangenehm, geliebt/verhasst.
- Ich nehme alles dankbar an, was mir gegeben und was mir genommen wird.
- Ich tue in jedem Augenblick, was gerade zu tun ist, ohne bestimmte Ergebnisse anzustreben, und lasse mich nicht von Lust und Unlust leiten.

Die Hingabe an das Göttliche

Über diesen Eigenschaften, die nicht nur für unseren spirituellen Weg wichtig sind, sondern auch den Alltag wesentlich erleichtern und uns Zufriedenheit schenken, steht die Hingabe an das Göttliche, an das übergeordnete Ziel.

Ohne diese Hingabe können wir im Alltag in Bezug auf unsere Lebensfreude und -qualität recht weit kommen, auch die ersehnte Erfüllung finden, aber *nur mit ihr* werden wir das letzte Ziel erreichen. Denn erst wenn wir uns so dem Göttlichen hingeben, dass wir uns selbst – die niedere Natur, das Ego – vollständig aufgeben, sind wir tatsächlich bereit, alles anzunehmen, was uns auf unserem Weg weiterführt.

Fünf Bände, weit über 1000 Seiten...

...liegen hinter dir, wenn du der gesamten Buchreihe Sonnwandeln bis hierher gefolgt bist, und du verfügst jetzt über eine umfangreiche Sammlung zu den wichtigsten Themen unseres spirituellen Wegs im Alltag, wie Selbstwertgefühl/ Selbstliebe, Urvertrauen, Gleichmut, Lebensfreude, Ego, Innere Stimme, Verhaltensmuster, Beziehungen, Krankheit, Tod und viele andere mehr, unter verschiedenen Aspekten beleuchtet.

„Wo stehe ich denn heute spirituell?"

Im letzten Kapitel habe ich bewusst auf die Rubriken „Innenschau" und „Rückschau" mit den Fragen zum eigenen Fortschritt verzichtet. Du weißt nämlich, wo du stehst. Ich will dich nur nochmals eindringlich dazu ermahnen, in deinem Urteil über dich selbst nicht zu hart zu sein, egal, was du falsch zu machen meinst, unabhängig davon, wie viele Unvollkommenheiten du an dir erkennst.

Schau auf das Erlangte, nicht auf das Verpasste, vorwärts zum Licht, nicht zurück auf den Schatten. Du weißt ja: Wir bekommen immer wieder eine neue Gelegenheit, etwas zu lernen und zu üben.

Wie geht es weiter?

Die Sonnwandeln-Buchreihe habe ich systematisch aufgebaut, vom Alltäglichen zum Spezielleren, von den grundlegenden Erkenntnissen zu komplexeren. Deshalb empfehle ich, die Bände in ihrer Reihenfolge zu lesen, ebenso wie die Kapitel innerhalb eines Bandes. Dennoch ist es möglich, ja wahrscheinlich, dass du gewisse Texte der ersten Bände nun aus einer wissenderen Perspektive besser oder anders begreifen könntest. Wir nehmen ja immer nur das auf, was für das Stadium, in dem wir uns befinden, gerade richtig ist. Vielleicht verstehen wir beim erneuten Lesen etwas bereits vor Jahren Gelesenes erst heute oder wir erkennen etwas Neues darin, das wir seinerzeit übersehen hatten.

Ganz besonders was die Aufgaben zur „Selbstveränderung" betrifft, so ist es in der Regel nicht möglich, die gesetzten Ziele tatsächlich innerhalb weniger Wochen vollständig zu erreichen.

→ Siehe Seite 17

Aus diesen Erwägungen spricht vieles dafür, immer wieder einmal in den Sonnwandeln-Büchern zu lesen und dich den gestellten Aufgaben nochmals zu widmen (ich selbst tue das auch!). Du kannst es systematisch tun, indem du mit Kapitel 1 von Band I beginnst, oder eher intuitiv, indem du anhand des Inhaltsverzeichnisses spürst, womit du dich beschäftigen möchtest, oder es dem sogenannten Zufall überlassen und blind einen der Bände ergreifen und irgendwo aufschlagen. Wie du es auch machst, es ist immer das Göttliche, das dich zur passenden Stelle führt.

Vielleicht ist die Sonnwandeln-Zeit für dich aber auch einfach zu Ende. Die Buchreihe hat dich eine Weile begleitet und nun steht etwas Neues an, dem du genau dann begegnest, wenn der richtige Moment gekommen ist.

Dein Weg geht jedenfalls weiter, einen Stillstand gibt es nie. Ich wünsche dir von Herzen Urvertrauen, Mut, ein starkes Selbstwertgefühl, Kraft, Geduld, Gleichmut und alle weiteren Eigenschaften, die dir dabei helfen. Und vor allem viel, viel Lebensfreude!

Anhang

Bei Affirmationen handelt es sich um eine Form der Autosuggestion; damit kannst du hinderliche Muster in deinem Unbewussten durch neue Überzeugungen und Verhaltensweisen ersetzen (das lateinische Wort *affirmatio* bedeutet Beteuerung, Versicherung).

• Wähle von den vorgeschlagenen Affirmationen jeweils eine aus, die dich anspricht. Du darfst den Satz im Wortlaut auch ändern, wenn andere Begriffe dir eher zusagen, oder eigene Affirmationen formulieren. Beachte dabei unbedingt zwei Grundregeln:

– Bilde keine verneinten Sätze (Sätze, in denen *nicht, nie, kein* usw. vorkommen) und auch keine mit Begriffen negativer Bedeutung. Sag also nicht: „Ich habe keine Selbstzweifel mehr" oder „Meine Selbstzweifel verschwinden". Sondern: „Ich bin selbstbewusst und selbstsicher". Negative Begriffe erwecken nämlich eine negative Emotion in dir, und das wirkt kontraproduktiv; Affirmationen sollen stets schöne, beglückende Dinge aussagen.

– Die Affirmation muss den angestrebten Zustand in der Gegenwart und als Tatsache ausdrücken (nicht in der Zukunft oder als Wunsch). Sag also nicht: „Ich werde/möchte mich selbst lieben". Sondern: „Ich liebe mich selbst."

• Wiederhole am Abend unmittelbar vor dem Einschlafen die Affirmation zehn- bis zwanzigmal, am besten halblaut, damit sie auch über den Gehörsinn ins Unbewusste eingeht, langsam und monoton wie eine Litanei. Wenn du magst, fährst du in Gedanken damit fort, bis du einschläfst. Am Morgen, gleich nach dem Aufwachen, tust du das Gleiche.

• Du kannst die Affirmation auch tagsüber überall und jederzeit rezitieren, etwa bei einem Spaziergang, beim Autofahren oder während des Kochens.

• Die gewählte Affirmation behältst du bei, solange du mit den Aufgaben des jeweiligen Kapitels arbeitest. Mit jedem neuen Kapitel und den entsprechenden Aufgaben, wählst du eine dazu passende neue Affirmation.

Imagination

Die Imaginationstechnik wurde von C.G. Jung in die Psychotherapie eingeführt und ist Bestandteil verschiedener, meist tiefenpsychologisch ausgerichteter Therapieformen. Imaginationen, wozu beispielsweise das autogene Training gehört, stellen eine Verbindung zwischen Bewusstsein und Unbewusstem her. Sie können aber auch genutzt werden, um mit der Seele in Kontakt zu kommen.

Indem wir uns Bilder zuerst ganz bewusst vorstellen, eine eigentliche Geschichte mittels unserer Vorstellungskraft beginnen und ihr dann in einer meditativen Ruhe freien Lauf lassen, tauchen mehr und mehr Bilder, Worte, Emotionen auf. Sie können uns helfen, neue Erkenntnisse zu finden, Blockaden zu lösen und angestrebte Selbstveränderungen positiv zu erfahren und zu fördern.

Lies jeweils die Anleitung zur Imagination zuerst ganz durch und präge dir den Grundablauf und die wesentlichen Punkte ein.

Wenn Du mit der Imagination beginnst, setzt du dich bequem hin und schließt die Augen. Du versetzt dich gedanklich, vor allem aber bildhaft, vor deinem geistigen Auge in die Situation der Imagination. Dann folgst du den Bildern, die aus deinem Innern aufsteigen; blocke diese nicht ab, beobachte, erlebe...

Lass dich ruhig vom Ablauf deiner eigenen Geschichte leiten, generell und besonders dann, wenn du dich nicht mehr an alle Einzelheiten erinnerst, die du dir vorher eingeprägt hast.

Beginnen die Bilder zu verblassen oder nehmen fremde Gedanken überhand, kommst du in die Realität und Gegenwart zurück. Lass dir dabei Zeit, spüre mit offenen oder geschlossenen Augen nach. Achte darauf, auch deinen Körper wieder zu empfinden, nimm bewusst deine Beine und Arme wahr, den Kontakt mit der Unterlage, und bewege deine Glieder sanft, bevor du aufstehst.

Du kannst jede Imagination so oft machen, wie du möchtest und spürst, dass sie dir guttut, täglich, wöchentlich, aber auch nur ein- oder zweimal.

Meditation

Im Gegensatz zur Imagination, die mit Bildern und Geschichten arbeitet, geht es bei der klassischen östlichen Meditation darum, innerlich still zu werden, also Gedanken, Gefühle, jede innere Regung loszulassen und so den Weg für die Wahrnehmung der eigenen Seele, für das göttliche Bewusstsein zu öffnen.

Um dieses Ziel zu erreichen, gibt es verschiedene Methoden. Eine davon besteht darin, den Atem zu beobachten. Damit habe ich persönlich die besten Erfahrungen gemacht, weshalb ich sie jeweils vorschlage.

Diese Methode dient auch dazu, uns auf eine Imagination vorzubereiten, oder für eine Kombination von Meditation und Imagination.

In den Kapiteln, in denen sie vorgesehen ist, beschreibe ich sie jeweils nur kurz. Deshalb gebe ich an dieser Stelle ausführlichere Hinweise dazu.

• *Den Atem beobachten.* Es geht darum, uns einzig auf diesen Vorgang zu konzentrieren, damit die Gedanken nicht umherschweifen. Wir können den Atem beobachten, indem wir auf das Heben und Senken des Brustkorbs achten oder darauf, wie die Luft in unsere Nase ein- und ausströmt.

Wenn wir jeweils fertig eingeatmet haben, vergeht ein winziger Augenblick, bevor wir ausatmen. Das Gleiche geschieht, wenn wir fertig ausgeatmet haben, bevor die Luft erneut in unsere Lunge strömt. In diesem Augenblick ruht jeweils der Atem. Darauf konzentrieren wir uns besonders. Wir bekommen dabei das Gefühl, als verlängere sich dieser Augenblick mit jedem Atemzug; es kann so weit kommen, dass wir aufschrecken, weil wir plötzlich denken, wir würden überhaupt nicht mehr atmen. Diese Schrecksekunde verschwindet mit der Übung, und wir gelangen tiefer und tiefer in die Versenkung.

• *Das Bewusstsein in die Mitte der Brust richten.* Gemeint ist die Stelle hinter dem Herzen, in der Mitte der Brust, in der Tiefe, nicht auf der Oberfläche. *Das Bewusstsein richten* – es ist schwierig, dies in Worten zu erklären. Obwohl wir uns, wie gesagt, auf den Atem konzentrieren, fokussieren wir das Bewusstsein, das wir normalerweise eher im Kopf empfinden, in der inneren Mitte der Brust (oder, bei anderen Meditationen, auf den Punkt zwischen den Augenbrauen). Es ist wie ein inneres Hinabsinken, ein Sichfallenlassen.

Besser kann ich es leider nicht erklären, die Sprache ist ein unvollkommenes Mittel, um spirituelle Erfahrungen zu beschreiben. Aber keine Sorge, wenn du es selbst praktizierst, wirst du bald spüren, was ich meine.

• *Gedanken und Empfindungen vorbeiziehen lassen.* Jeder, der schon einmal versucht hat zu meditieren, weiß, wie schnell und hartnäckig wir durch Gedanken davon abgelenkt werden. Die Meister der Meditation lehren verschiedene Techniken, damit umzugehen. Eine besteht darin, die Gedanken als ein *äußeres* Phänomen zu betrachten: Sie gehören nicht zu uns, sondern sind außerhalb von uns. Somit können wir sie, wenn sie auftauchen, kurz anschauen und dann vorbeiziehen lassen, wie Wolken am Himmel, und wieder zur Konzentration auf den Atem zurückkehren.

Empfinden wir die Gedanken hingegen als Teil von uns, also *in uns drinnen*, so weisen wir sie ruhig und bestimmt aus uns hinaus; wir können uns kurz bildlich vorstellen, wie sie aus uns hinausgehen und sich in der Ferne verlieren.

Du wirst bald deine eigene Methode finden, wie du deine Gedanken erfolgreich zur Ruhe bringst.

Anleitung zur Anwendung von Bach-Blüten

Wirkungsweise der Bach-Blüten

Die Bach-Blüten sind Essenzen, die bis heute nach den Anweisungen von Dr. Edward Bach (1886-1936) hergestellt werden. Ihre Wirkung beruht auf der Harmonisierung von Seelenzuständen (Angst, Kummer, Gleichgültigkeit, Unentschlossenheit, Mutlosigkeit usw.); dabei wird der negative Zustand mit der positiven Schwingung der entsprechenden Blütenessenz überlagert und ins Positive gewandelt (beispielsweise Verzagtheit in Mut, Unentschlossenheit in Entscheidungsfreude, Sorge in Urvertrauen usw.).

Als einführende Lektüre empfehle ich dir die Bücher von Edward Bach.

Auswahl einer individuellen Bach-Blüten-Mischung

Die Original-Bach-Blüten sind einer allgemein angewandten Reihenfolge gemäß nummeriert (alphabetisch nach den englischen Namen); die Liste findest du auf Seite 200.

Die Auswahl der für dich geeigneten Mischung kannst du auf eine der folgenden Arten vornehmen:

• Aufgrund der Beschreibungen der Seelenzustände, die du in den Büchern von Dr. Bach und anderen Autoren findest, wählst du die Blüten aus, die auf deine momentane Situation zutreffen.

• Du ziehst blind Karten aus dem Bach-Blüten-Kartenset (im Handel erhältlich) und überlässt die Auswahl so deiner Inspiration.

• Ebenfalls intuitiv kannst du mit geschlossenen Augen nach den Essenzen-Fläschchen greifen.

• In diesem Buch habe ich in jedem Kapitel eine Auswahl der geeigneten Bach-Blüten für das Thema des jeweiligen Kapitels aufgeführt. Dabei gehst du wie folgt vor:

1. Wähle zuerst aus der Tabelle „Haupt-Blüten" die Aussagen, die auf dich zutreffen, und trage die entsprechenden Nummern in die Kästchen unter der Tabelle ein.

2. Dann kannst du in der Tabelle „Zusatz-Blüten" überprüfen, ob eine oder mehrere Aussagen auf dich ebenfalls zutreffen, und die entsprechenden Nummern wiederum in die

Kästchen unter dieser Tabelle eintragen. Insgesamt solltest du aus den beiden Tabellen zusammen nicht mehr als sechs Blüten wählen; es dürfen aber auch weniger sein.

Zubereitung der individuellen Bach-Blüten-Mischung
Du hast zwei Möglichkeiten:
• Deine individuelle Mischung aus den konzentrierten Essenzen selbst zubereiten. Diese Essenzen nach der Original-Rezeptur von Dr. Edward Bach erhältst du als komplettes Set oder als Einzelfläschchen in Apotheken, die Naturheilmittel verkaufen. Auch im Internet gibt es zahlreiche Anbieter, bei denen du diese Produkte bestellen kannst.

Für deine persönliche Mischung benötigst du eine 30-ml-Pipettenflasche (diese erhältst du ebenfalls in der Apotheke). In das Fläschchen füllst du zur Hälfte eine hochprozentige Spirituose, wie Cognac oder Whisky, und zur Hälfte Mineralwasser. Dann gibst du von den ausgewählten Essenzen je zwei Tropfen hinein.

• Du kannst dir deine gewünschte Mischung in einer Apotheke zubereiten lassen (dieses Angebot findest du auch im Internet).

Einnahme der Bach-Blüten-Mischung
Nimm 3- bis 4-mal täglich jeweils 4 bis 5 Tropfen deiner zubereiteten Bach-Blüten-Mischung, erstmals am Morgen gleich nach dem Aufstehen und letztmals am Abend vor dem Schlafengehen.

Träufle die Tropfen aus der Pipette auf deine Zunge und achte darauf, die Pipette nicht mit deinem Mund in Berührung zu bringen.

Liste der Bach-Blüten

Nr.	Englische Bezeichnung	Deutsche Bezeichnung
1	Agrimony	Gemeiner Odermennig
2	Aspen	Espe (Zitterpappel)
3	Beech	Rotbuche
4	Centaury	Tausendgüldenkraut
5	Cerato	Bleiwurz
6	Cherry Plum	Kirschpflaume
7	Chestnut Bud	Knospe der Rosskastanie
8	Chicory	Wegwarte
9	Clematis	Gewöhnliche Waldrebe
10	Crab Apple	Holzapfel
11	Elm	Englische Ulme
12	Gentian	Herbstenzian
13	Gorse	Stechginster
14	Heather	Schottisches Heidekraut
15	Holly	Europäische Stechpalme
16	Honeysuckle	Geißblatt
17	Hornbeam	Hainbuche
18	Impatiens	Springkraut
19	Larch	Europäische Lärche
20	Mimulus	Gefleckte Gauklerblume
21	Mustard	Ackersenf
22	Oak	Eiche
23	Olive	Olivenbaum
24	Pine	Schottische Kiefer
25	Red Chestnut	Rote Kastanie
26	Rock Rose	Gelbes Sonnenröschen
27	Rock Water	Fels-Quellwasser
28	Scleranthus	Einjähriger Knäuel
29	Star of Bethlehem	Dolden-Milchstern
30	Sweet Chestnut	Edelkastanie
31	Vervain	Eisenkraut
32	Vine	Weinrebe
33	Walnut	Walnussbaum
34	Water Violet	Wasserfeder
35	White Chestnut	Weiße Rosskastanie
36	Wild Oat	Waldtrespe
37	Wild Rose	Heckenrose
38	Willow	Gelbe Weide

ANLEITUNG ZUR VERWENDUNG VON HEILSTEINEN

Ich will vorausschicken, dass ich mich mit Heilsteinen nicht auskenne. Die Empfehlungen in diesem Buch verdanke ich Kollegen, die sich damit beruflich beschäftigen. Aber ich finde Steine schön und verwende sie selber immer wieder – und spüre, dass sie mir guttun.

Wirkungsweise der Heilsteine

Seit Tausenden von Jahren werden Steine für die Heilung verwendet, im alten Indien ebenso wie im mittleren Osten und bei den Indianern Nordamerikas; zu uns ist das Wissen wohl über die Griechen gelangt und vor allem durch die heilige Hildegard von Bingen (1098-1179).

Die Wirkung von Heilsteinen wird, wie so manche alternative Therapiemethode, von der Schulmedizin nicht anerkannt, weil sie nicht wissenschaftlich bewiesen ist. Ohne an dieser Stelle auf eine Diskussion über Krankheit und Heilung einzugehen, nur ein Denkanstoß: Liest man medizinische Studien über Medikamente der Pharmaindustrie, so staunt man nicht schlecht über die hohe Wirksamkeit der Placebos (Scheinmedikamente); nicht selten wirkt ein Placebo bei über 50 Prozent der Testpersonen ebenso gut wie das richtige Medikament, sogar wenn die Patienten wissen, dass es sich nur um ein Placebo handelt!

Die Wirkung von Heilsteinen beruht im Wesentlichen auf deren Schwingung: Die unterschiedliche Zusammensetzung der Atome und Struktur der Kristallgitter, aber auch die Form und die Farbe, verleihen jedem Stein seine besonderen Eigenschaften, die von ihm ausstrahlen und vom Menschen aufgenommen werden. Welcher Stein für welchen Seelenzustand/welche Erkrankung geeignet ist, beruht auf jahrtausendealtem intuitivem und empirischem Wissen.

Wie die Bach-Blüten, wirken auch die Heilsteine auf der energetischen Ebene, indem sie vor allem die Meridiane, die Chakren und die Aura beeinflussen: Die aufgenommene Schwingung überlagert eine ähnliche in uns vorhandene Schwingung, verändert dadurch Emotionen, Gedanken und Verhaltensweisen und damit auch körperliche Symptome.

→ Chakra: siehe Glossar Seite 203

Anwendung von Heilsteinen

Die gebräuchlichste Art, die Schwingung des Heilsteins aufzunehmen, ist das Tragen auf dem Körper, beispielsweise in der Hosentasche oder in Form eines Anhängers. Nachts kannst du den Stein auch unter das Kopfkissen oder auf das Nachttischchen legen.

Große Steine wie Rosenquarz und Amethyst stellst du im Raum auf (beispielsweise in der Nähe des Computers, um dessen Strahlung zu neutralisieren).

Du kannst Heilsteine auch in frisches Wasser legen und dieses dann trinken.

Pflege von Heilsteinen

So wie wir die Schwingung des Steins aufnehmen, lädt sich der Stein mit den Energien seiner Umgebung auf. Davon muss er von Zeit zu Zeit befreit (entladen) werden; seine eigene Schwingung verliert der Stein nie, doch Sonnenlicht oder Kristallgruppen können seine Kraft verstärken (ihn aufladen).

Die Reinigung und das Aufladen der Heilsteine ist eine ebenso viel diskutierte Wissenschaft wie die Wirkungsweise selbst und es gibt im Grunde genommen für jeden Stein besondere Empfehlungen.

Als allgemeine Regel gilt: Die meisten Heilsteine kannst du unter fließendem Wasser reinigen und entladen und an der Sonne oder in einer Kristallgruppe aufladen (es gibt allerdings Steine, die kein Sonnenlicht vertragen).

Bei den Heilstein-Empfehlungen in diesem Buch habe ich jeweils auch angegeben, wie man den betreffenden Stein am besten verwendet und reinigt.

Ich beschränke mich auf kurze Erläuterungen zum Verständnis der Texte dieses Buches. Im Zeitalter des Internets kannst du ja alles mühelos vertiefen, falls du ein besonderes Interesse an einem Begriff hast.

Aspiration
Aspiration ist ein Fremdwort aus dem lateinischen Verb ASPIRO. *Es hat verschiedene Bedeutungen: anhauchen, wehen, und im übertragenen Sinn u.a. auch „hinstreben zu etwas". In letzterer Bedeutung wird es in der englischen spirituellen Literatur oft verwendet: Aspiration steht hier für das intensive Herbeisehnen der Vereinigung mit dem Göttlichen und beinhaltet auch die Hingabe an das Göttliche und das Streben nach dem hehren Ziel. Weil es keine deutsche Entsprechung mit einem ebenso umfassenden Sinn gibt, verwende ich jeweils dieses Fremdwort.*

Bhagavadgita, auch Bhagavad Gita oder Gita *(Sanskrit)* = Gesang des Erhabenen
Ein vermutlich vor dem 2. Jahrhundert v. Chr. verfasster spiritueller Text aus Indien; es ist der populärste heilige Text im → Hinduismus und wurde in unzählige (auch westliche) Sprachen übersetzt. Viele Kapitel der Bhagavadgita befassen sich mit den Situationen und den Problemen des konkreten Lebens. Ich empfehle die Übersetzung von Sri Aurobindo, vorzugsweise auf Englisch; sie ist auch auf Deutsch erhältlich.

Brahman *(Sanskrit)*
Das eine, absolute, transzendente Göttliche im → Hinduismus. Nicht zu verwechseln mit Brahma, einem Gott unter anderen.

Chakra *(Sanskrit)* = Rad, Scheibe, Kreis, Kreislauf und verwandte Begriffe
Die Chakren, im → Hinduismus, Buddhismus und der westlichen Esoterik geläufig, sind Zentren von Bewusstsein und subtiler Lebensenergie. Sie sind die Verbindungspunkte zwischen dem physischen und dem feinstofflichen Körper. Man spricht meistens von sieben Hauptchakren und einer Vielzahl von kleineren Nebenchakren. Die sieben Hauptchakren liegen entlang der feinstofflichen Wirbelsäule (Sushumna) und sind über Nadis (elektrische Leitungen) miteinander verbunden.

Dualität *(aus dem Lateinischen)* = Zweiheit, zwei enthaltend
Dualität bezeichnet erst einmal die Zweiheit der materiellen Welt mit der Polarität von gut/böse, heiß/kalt, männlich/weiblich usw. In spirituellem Sinn bezieht sich die Zweiheit auf die Unterteilung in einen Gott und seine Schöpfung, wie das Christentum, das Judentum und der Islam sie kennen. Monistische Lehren hingegen, etwa die Advaita Vedanta, eine Richtung innerhalb des → Hinduismus, lehnen das Konzept dieser Dualität Gott/Schöpfung ab und bezeichnen sie als Illusion → Maya. Es gibt nur Eines, das → Göttliche, und die Aufgabe des Menschen in seiner irdischen Existenz besteht darin, diese Illusion zu überwinden und die Einheit mit dem Göttlichen zu erkennen.

Ego *(Latein)* = Ich
In der Spiritualität als das „niedrige" Ich verstanden, im Gegensatz zum höheren Selbst oder der Seele. Das Ego besteht nach der Lehre von Sri Aurobindo, dem großen indischen Mystiker und Philosophen, aus drei Elementen: Körperliches, → Vitales, → Mentales. Da ich dieses Kon-

zept in Band IV der Sonnwandeln-Reihe detailliert erläutere, gehe ich im Glossar nicht näher darauf ein.

Egoisch
Egoisch ist das Adjektiv zu → Ego, mit der Bedeutung von „zum Ego gehörend", ohne die negative Wertung, die in „egoistisch" (Adjektiv zu Egoismus) steckt. So ist eine egoische Eigenschaft nicht zwangsläufig egoistisch – dennoch für unsere spirituelle Entwicklung und unsere Zufriedenheit nicht förderlich, weil das Ego auf kurzfristigen Genuss ausgerichtet ist, keine Rücksicht auf das innere Wachstum nimmt und oft auch nicht auf die längerfristigen Folgen.

Das Göttliche
Der Begriff „Gott" hat bei uns oft einen kirchlichen Beigeschmack und viele Menschen verbinden damit einen willkürlichen, strafenden Gott und Lehren von Sünde und Hölle usw. Deshalb verwende ich ausschließlich den Begriff „das Göttliche" (im Englischen oft als THE DIVINE bezeichnet). Darunter verstehe ich die höhere Macht, das Absolute, der Erhabene, die Wahrheit. Im Hinduismus heißt diese höchste Instanz → Brahman, nicht zu verwechseln mit Brahma, einer Gottheit unter vielen. Selbstverständlich soll jeder Leser in Gedanken den Begriff verwenden, der für ihn stimmt: Gott, höhere Macht, Allah, Brahman, ...

Guna (Sanskrit) = Eigenschaft, Charakter, Eigenheit
Die drei Gunas sind die Wirkprinzipien der Prakriti (Sanskrit: Natur, Naturkraft, Naturseele: die wirkende Kraft im Universum)
* *Sattwa: Prinzip der Weisheit und Tugend; höchstes der drei Gunas*
* *Rajas: Prinzip der Tatkraft und Leidenschaft; tragendes Prinzip der anderen beiden*
* *Tamas: Prinzip der Unwissenheit und Trägheit.*

Hinduismus
Vor allem in Indien verbreitete Religion, die in ihrer philosophischen Ausprägung monotheistisch ist. Die vielen Gottheiten sind nur Emanationen oder Aspekte des einen Gottes, die in der Volksreligion verehrt und angebetet werden. Wie bei allen Religionen gibt es auch im Hinduismus verschiedene Richtungen, Schulen und Dogmen.

Höheres Selbst
Es wird manchmal synonym für Seele oder Geist verwendet. Ich lehne mich an die hinduistische Philosophie an und unterscheide zwischen Seele und höherem Selbst. Das höhere Selbst ist das unveränderliche → Göttliche in uns, wir können auch sagen: Das höhere Selbst ist das transzendente Göttliche. Die Seele ist der göttliche Kern in uns, der an der Evolution teilnimmt (auch durch die verschiedenen Reinkarnationen) und die Wiedervereinigung mit dem Göttlichen anstrebt.

Innere Stimme
Die Innere Stimme ist die Stimme unserer Seele, die uns den Weg zum → Göttlichen weist (ich schreibe den Begriff jeweils mit großen Anfangsbuchstaben, um ihre Einzigartigkeit als Stimme der Seele zu betonen und vor allem um sie von anderen Stimmen in uns zu unterscheiden). Sie äußert sich meistens nur sehr leise und wird leicht mit den Stimmen des Ego verwechselt. Die Innere Stimme vernehmen wir oft in der Form eines leichten Unbehagens, wenn wir im Begriff sind etwas zu tun, was unserem spirituellen Weg zuwiderläuft; es ist jedoch meistens nur eine sehr kurze Wahrnehmung, und wenn wir nicht sofort darauf

hören, verstummt sie. Ausführlicheres über die Innere Stimme steht in Kapitel 6 von Band I sowie in meinem Buch über Karma Yoga.

Karma *(Sanskrit) = Tat, Werk, Handeln eines Menschen; die Kraft, die durch ihr Wirken die Evolution und die wiederholte Rückkehr der Seele in die Existenz bestimmt.*
Karma bezeichnet einerseits die Summe der vergangenen Taten aus diesem und den früheren Leben, andrerseits jede Tat, die wir begehen und durch welche wir neues Karma schaffen. Beide bestimmen unsere Zukunft.
Das Karma-Gesetz besagt, dass jede Tat, auch die unbedeutendste, eine Wirkung auf den Täter hat, die sich in diesem oder einem künftigen Leben entfaltet (impliziert den Glauben an die Wiedergeburt), in dem Sinne, dass eine gute Tat Gutes und eine böse Tat Böses bringt. Es wird im Volksglauben oft als ein unverrückbares Gesetz betrachtet; es gibt im Hinduismus allerdings auch philosophische Richtungen (z.B. der integrale Yoga von Sri Aurobindo), die eine göttliche Gnade kennen, die in das Karma-Gesetz eingreifen kann.

Karma Yoga *(Sanskrit) = Yoga des Handelns*
• *Karma: Tat, Werk; das Handeln oder Werk eines Menschen; die Kraft, die durch ihr Wirken die Evolution und die wiederholte Rückkehr der Seele in die Existenz bestimmt.*
• *Yoga: Verbindung, Vereinigung; die Vereinigung der Seele mit dem göttlichen Sein, dem göttlichen Bewusstsein, der göttlichen Glückseligkeit; eine Methode zur Vervollkommnung des menschlichen Individuums; im Hinduismus Oberbegriff für spirituelle Wege.*
• *Karma Yoga: der Yoga des Handelns; spiritueller Weg, der zur Gottesverwirklichung führt durch das Handeln ohne Anhaftung. Im Gegensatz zum bei uns allgemein bekannten „Yoga", der sich auf die* KÖRPER*haltungen bezieht, arbeitet der Karma Yoga mit den* INNEREN *Haltungen.*

Lila *(Sanskrit) = Spiel, Belustigung*
Lila bezeichnet das Spiel des → Göttlichen, bei welchem das Göttliche die Schöpfung auch als Spiel zwischen ihm und den Menschen ansieht. In den nicht dualistischen Richtungen des → Hinduismus beschreibt Lila die gesamte Realität, also die ganze Schöpfung → vergleiche Maya.

Mantra *(Sanskrit) = Instrument des Denkens, Rede*
Bekannte Mantras sind beispielsweise das OM *(der Urklang) und das buddhistische* OM MANI PADME HUM *(Ausdruck des liebenden Mitgefühls). Auch im Sufismus kennt man diese Praktik (Dhikr) mit dem Mantra* LA ILAHA ILL'ALLAH *(Es gibt keinen Gott außer Gott) oder mit der Rezitation der 99 Namen Gottes. Im Christentum werden beispielsweise das Herunterleiern des Rosenkranzes und das Herz-Jesu-Gebet (*HERR JESUS CHRISTUS ERBARME DICH MEINER*) als Mantra praktiziert.*

Maya *(Sanskrit) = Illusion, Zauberei*
Im → Hinduismus ist es die Illusion, die uns vorgaukelt, es gebe das → Göttliche UND *die Schöpfung – in Wahrheit gibt es nur das Eine, das → Brahman. Maya wird zuweilen auch als Göttin personifiziert.*

Mentales Ego
Es ist die höchste Ebene unseres Ego. Seine Funktion besteht im rationalen Denken und der Logik, es befasst sich mit Glaubensrichtungen, Idealen, Wertvorstellungen, Entscheidungsfindung, strebt nach Wissen, Wahrheit, Harmonie und bemüht sich um ein tugendhaftes Leben.

Nirwana, auch: *Nirvana (Sanskrit) = wörtlich: Verwehen*
Austritt aus dem Kreislauf der Wiedergeburten und des Leidens durch „Erwachen" oder „Erlöschen". Es wird oft als ein Zustand der Leere oder der absoluten Glückseligkeit beschrieben. Der Weg dahin beruht auf dem Loslassen aller Anhaftungen.

Profess *(Latein: professio) = Bekenntnis*
Das öffentliche Gelübde, das der Novize einer Ordensgemeinschaft ablegt, um endgültig in den Orden aufgenommen zu werden. Meistens verspricht er Armut, ehelose Keuschheit und Gehorsam; in gewissen Orden werden weniger oder weitere Versprechen verlangt, wie etwa das der Klausur. Die Profess kann auf eine bestimmte Zeit oder auf Lebenszeit erfolgen.

Satchitananda *(Sanskrit)*
Im → Hinduismus wird das eine, absolute, transzendente → Göttliche als Satchitananda beschrieben:
* *Sat: reines Sein, Existenz;*
* *Chit: reines Bewusstsein, auch Wissen;*
* *Ananda: Glückseligkeit, die reine Freude.*

Sufismus
Sammelbezeichnung für verschiedene mystische Strömungen im Islam, wobei der Sufismus nicht zwingend an eine Religion gebunden ist. Den Sufismus findet man nicht nur im arabischen und persischen Kulturraum, sondern auch in Indien. Wie bei allen mystischen Wegen liegt auch im Sufismus das Ziel in der Überwindung des Ego und der Einheit mit dem Göttlichen, die hier oft als eine „Liebesbeziehung" zwischen dem „Liebenden" (dem Sufi = Praktizierender des Sufismus, auf Persisch: Derwisch) und dem „Geliebten" (Gott) bezeichnet wird.
Die bei uns bekanntesten Sufis sind Rumi, Al-Ghazali und Ibn Arabi.

Veda *(Sanskrit) = Wissen, heilige Lehre*
Der Veda (auch: die Veden) ist eine Sammlung hinduistischer Texte, die den Rishis (Sehern) offenbart und zuerst nur mündlich überliefert wurden; ab dem 5. Jahrhundert n.Chr. entstanden schriftliche Aufzeichnungen. Dazu gehören der Rigveda, der Samaveda, der Yajurveda und der Atharvaveda.

Vitales Ego
Es ist die Ego-Ebene der Emotionen, Leidenschaften, Wünsche, auch der Antriebskraft. Das Vitale strebt nach Besitz, Lust und Vergnügen, ferner nach Spannung, Abwechslung; somit sucht es das „Drama des Lebens" mit seinen Hochs und Tiefs und meidet Gleichmut und Gelassenheit.

Yoga *(Sanskrit von yuga) = Joch*
Jeder Weg zur Selbsterkenntnis wird im → Hinduismus als Yoga bezeichnet. Es gibt verschiedene Yoga-Formen, deren wichtigste klassische Formen der Hatha-Yoga (Yoga der Körper- und Atemübungen und Meditation), der Jnana-Yoga (Yoga des Wissens), der Bhakti-Yoga (Yoga der liebenden Hingabe), der Raja Yoga (königlicher Yoga) und der → Karma-Yoga sind. Später wurden weitere Yoga-Wege entwickelt, etwa der Kriya-Yoga von Yogananda; bei uns im Westen auch unzählige Formen, die mit dem ursprünglichen Sinn des Yoga kaum mehr etwas gemein haben.

ÜBERSICHT ÜBER DIE SONNWANDELN-BUCHREIHE

Band I: Der Sinn des Lebens und die Lebensschule
Paperback, 220 Seiten, ISBN 978-3-907091-05-0

Kap. 1: Der Sinn des Lebens und unsere Lebensaufgabe
• *Der Sinn der Welt und der Menschheit* • *Der biologische und der spirituelle Sinn* • *Der Sinn des individuellen Lebens* • *Geld verdienen und Genuss sind für die meisten Menschen nicht genug* • *Sinnvolle und sinnlose Tätigkeiten?* • *Wie finden wir unsere weltliche Lebensaufgabe?* • *Die Lebensaufgabe ist nicht mit dem Beruf gleichzusetzen* • *Nützlich sein für die anderen?* • *Berufswahl, Änderung des Berufs* • *Routine, Alltag, mangelnde Befriedigung*

Kap. 2: Lebensphasen und Lebenskrisen
• *Die verschiedenen Lebensphasen und Übergänge und ihre besonderen Herausforderungen und Chancen* • *Die Schwierigkeiten der Umbruchphasen* • *Andere Lebenskrisen (Scheidung, Tod eines Angehörigen usw.)* • *Nähe und Distanz in der Pubertät* • *Die Bedeutung der Wechseljahre* • *Die Chancen der Übergangsphasen nutzen* • *Probleme des Älterwerdens*

Kap. 3: Zufall und Schicksal
• *Zufall ist, was uns zufällt* • *Die Frage nach dem Warum* • *Wie man einzelne Ereignisse deutet* • *Alles hat einen Sinn* • *Wachsam sein für den Wink des Schicksals* • *Gerechtes oder ungerechtes Schicksal* • *Wiederkehrende Ereignisse und Schicksalsschläge* • *Die Häufung von Schicksalsschlägen* • *Schicksal als Folge des Karma-Gesetzes?*

Kap. 4: Freier Wille oder Vorbestimmung?
• *Menschliches und göttliches Gerechtigkeitsverständnis* • *Handlungsweise und Konsequenzen* • *Die Verantwortung für unsere Taten* • *Fördert der Glaube an die Vorbestimmung den Egoismus?* • *Was steht in den Sternen geschrieben?* • *Das eigene Schicksal ändern* • *Was treibt uns an zu bestimmten Taten?* • *Abgrenzung zwischen meinem und einem fremden freien Willen*

Kap. 5: Wille und Wollen
• *Göttlicher Wille und menschliches Wollen* • *Last und Mühsal unseres alltäglichen Kampfes* • *Vertrauen in die göttliche Vorsehung* • *Die Kraft des Wollens* • *Ist es richtig, für etwas zu kämpfen?* • *Spirituell vorankommen wollen* • *Wie können wir im Einklang mit dem göttlichen Willen handeln?* • *Dein Wille geschehe* • *Die Früchte des Handelns* • *Über die Ausrede, nach Gottes Willen zu handeln*

Kap. 6: Unsere Innere Stimme
• *Die Sprache der Inneren Stimme* • *Wie wir die Stimme der Seele von den Stimmen des Ego unterscheiden* • *Die Lenkung durch die Innere Stimme* • *Träume und Inspiration* • *Der Inneren Stimme gehorchen, ohne zu zweifeln* • *Die Angst, „falsche" Entscheidungen zu treffen*

Band II: Alltägliches Handeln im spirituellen Geist

Paperback, 256 Seiten, ISBN 978-3-907091-07-4

Kap. 1: Viele Ängste, eine Angst. Ausweg Urvertrauen.

• *Die Illusion, unser Leben im Griff zu haben* • *Angst vor der Zukunft, dem Unbekannten und vor Veränderungen* • *Wie gewinnen wir das kindliche Urvertrauen zurück?* • *Angst vor dem Leiden* • *Ursachen verschiedener Ängste* • *Unterscheidung zwischen Angst und Vorsicht* • *Wie werden wir eine konkrete Angst los?* • *Angst ist ansteckend* • *Zieht Angst das Gefürchtete an?*

Kap. 2: Die Macht der Gewohnheit

• *Woher kommen Gewohnheiten und Muster?* • *Programmierung und Auslöschen von Verhaltensmustern* • *Erkennen verborgener Muster* • *Wie lange dauert es, ein Muster abzulegen?* • *Nur die absolute Bestimmtheit ist stark genug* • *Gute Eigenschaften eingravieren* • *Wie entkomme ich der Frustration bei Misserfolg?* • *Freude am Lernen und an der Veränderung*

Kap. 3: Sieben Sünden, sieben Tugenden

• *Die Sünde: Trennung von unserem höheren Selbst* • *Sünde im Sinn des Karma-Gesetzes* • *Wiederkehrende Erfahrungen auf dem Lebensweg* • *Sieben wertvolle Tugenden: Demut, Freigebigkeit, Mitfreude, Milde, Sinneslust, Gelassenheit, Zuversicht* • *Askese als Weg?* • *Geizig ist auch, wer seine Gefühle nicht mitteilt* • *Trägheit und Traurigkeit: Verweigerung der Lebensfreude* • *Rückschritt in der spirituellen Entwicklung?*

Kap. 4: Du sollst nicht lügen!

• *Warum lügen wir überhaupt?* • *Die Grenze zwischen Wahrheit und Lüge* • *Das Ja ein Ja, das Nein ein Nein und die Schwüre* • *Geschickte Formulierungen, Andeutungen, Ironie* • *Gibt es berechtigte Lügen?* • *Ehrlichkeit gegenüber sich selbst: unerlässlich auf dem spirituellen Weg* • *Banale Lügen und harmlose Schwindeleien* • *Zum Lügen genötigt?* • *Aufrichtigkeit im Dienste der Mitmenschen*

Kap. 5: Ethik und Moral – Normen, Regeln, Konventionen

• *Der Wert von Geboten und Verboten* • *Die Spiritualität steht über der Moral* • *Kavaliersdelikte* • *Mehr Schein als Sein* • *Den inneren Verhaltenskodex prüfen* • *Kinder brauchen klare Grenzen* • *Wir erlassen ständig Verbote und Gebote* • *Machen, was wir wollen, solange wir niemandem schaden?* • *Über andere richten*

Kap. 6: Versuchung, Achtsamkeit und Selbstkontrolle

• *Die Versuchung als Chance* • *Achtsamkeit und Selbstdisziplin auf dem buddhistischen Achtfachen Pfad* • *Wiederkehrende Lektionen in der Lebensschule* • *Das Göttliche fordert von keiner Seele mehr, als sie zu tragen vermag* • *Die Grenze zwischen Selbstkontrolle und übermäßiger Härte* • *Wie schaffe ich es, der Versuchung Nein zu sagen?* • *Achtsamkeit widerspricht nicht der Spontaneität* • *Achtsamkeits-Übungen* • *Andere nicht in Versuchung führen*

Band III: Über allem die Liebe
Paperback, 236 Seiten, ISBN 978-3-907091-13-5

Kap. 1: Liebe deinen Nächsten wie dich selbst
• Sich selbst lieben ist ebenso wichtig wie die Nächstenliebe • Liebe braucht keinen Grund • Warum wir uns selbst nicht lieben • Falsches und echtes Selbstwertgefühl • Achtung und Wohlwollen für das Unbelebte • Unvollkommene und reine Liebe • Abgrenzung zwischen gesunder Selbstliebe und Egoismus • Geborgenheit in sich selbst • Angst, den geliebten Menschen zu verlieren • Unnachgiebigkeit uns selbst und anderen gegenüber

Kap. 2: Nächstenliebe – doch das oberste Gebot?
• Wahre Nächstenliebe erwartet keinen Dank und keine Gegenleistung • Respekt und Gleichbehandlung • Sich selbst ernst, aber nicht wichtig nehmen • Selbstliebe und Nächstenliebe – wo ist die Grenze? • Liebe deine Feinde: eine Illusion? • Die Grenze zum Egoismus • Nächstenliebe aus Gewohnheit und Konvention? • Nächstenliebe lässt sich lernen

Kap. 3: Muss ich Vater und Mutter unbedingt ehren?
• Karmische Verstrickungen, Einzelkarma und Familienkarma • Generationenmuster durchbrechen • Die Familie sucht man sich nicht aus • Adoptivkinder und andere Kinder, die ihre leiblichen Eltern nicht kennen • Den Kontakt zu den Eltern abbrechen? • Liebe für die Eltern und Anhaftung • Auch „böse" Eltern ehren und lieben? • Fehlende Gefühle für die Eltern entwickeln

Kap. 4: Liebe ist kein Deal.
• Warum Liebesbeziehungen zum Deal entarten und so nicht funktionieren können • Der Liebesvertrag und das Kleingedruckte • Die unterschiedlichen Beziehungen innerhalb von Familie und Freundeskreis • Wie unser Ego mit seinen Ängsten und Wünschen reine Liebe verhindert • Eine Beziehung aufrechterhalten um jeden Preis? • Was braucht es zu einer „guten" Beziehung?

Kap. 5: Scheiden tut weh! Trennung und Tod.
• Der Tod: immer ein unerwarteter Besucher • Jede Trennung ist ein Neuanfang • Der Schmerz, verlassen zu werden • Trennung oder Tod als Befreiung? • Wie sinnvoll ist Trauer? • Ein noch nicht überwundener Todesfall • Der Tod meines Kindes • Wann soll man eine Beziehung beenden? • Scheidung obwohl man sich noch liebt? • Die Angst vor der Trennung • Einen Schlussstrich ziehen

Kap. 6: Einsamkeit und Alleinsein
• Die Illusion, das Leben mit jemandem zu teilen • Äußeres Alleinsein oder innere Einsamkeit • Getröstet zu werden ist oft hinderlich • Das kosmische Schauspiel und der Lebensfilm • Gibt es Menschen, die eine wichtige Rolle in unserem Leben spielen? • Warum wir keinen Partner finden • Nicht allein sein können

Band IV: Unsere innere Welt

Paperback, 240 Seiten, ISBN 978-3-907091-14-2

Kap. 1: Mein Ego, dein Ego

• *Die Entstehung des Ego in der Evolution und dessen Sinn* • *Die indische Philosophie der Dualität von Purusha und Prakriti und die wirkende Natur* • *Die Elemente des Ego* • *Auch ein „erweitertes" Ego ist ein Ego* • *Der Umgang mit anderen Egos* • *Die Illusion des Ich* • *Wie überwinde ich das Ego?*

Kap. 2: Denken und Fühlen

• *Die Wechselwirkung zwischen Denken und Fühlen* • *Intuitionen und höhere Wahrheiten von außen* • *Denken, Fühlen und das Unbewusste* • *Das Denken macht uns zu denkenden Tieren, nicht zu spirituellen Wesen* • *Aus den im Gehirn gespeicherten Informationen entsteht nichts Neues* • *Worauf sollen wir unsere Entscheidungen gründen, wenn weder das Denken noch das Fühlen uns helfen?* • *Vergangenheit und Zukunft in Gedanken und Emotionen*

Kap. 3: Wünsche und Begehren

• *Die Funktion der Wünsche für die Evolution* • *Der Baum der Erkenntnis* • *Bewertung als Grundlage der Wünsche* • *Gleichmut* • *Verzicht üben oder bloß auf Wünsche verzichten?* • *Glück finden in der Wunscherfüllung?* • *Der Wunsch zu helfen* • *Und der Wunsch, spirituell weiterzukommen?* • *Langweilige ewige Zufriedenheit!*

Kap. 4: Anhaftung und Loslassen

• *Das Vergängliche genießen, ohne anzuhaften* • *Loslassen, um nicht mehr zu leiden?* • *Anhaftung an geliebte Menschen* • *Bettelarm und asketisch durchs Leben?* • *Die Illusion, die Anhaftung besiegt zu haben* • *Den Verlust des Geliebten nicht fürchten* • *Leiden loswerden oder lernen, damit umzugehen?*

Kap. 5: Woher nehme ich die Kraft?

• *Unerschöpfliche Energie und Energiespender* • *Die energetische Schwingung der Lebensmittel* • *Die Energie der göttlichen Mutter* • *Die drei alltäglichen Energiefresser, im Detail erläutert* • *Natürliche und sakrale Kraftorte* • *Energievampire* • *Gibt Liebe Kraft?* • *Niemals aufgeben, das gibt Kraft!*

Kap. 6: Krank oder heil

• *Es gibt nur eine Krankheit, ebenso wie es nur eine Gesundheit gibt* • *Die tiefere Symbolik der Krankheit* • *Wie wir die Krankheit rechtzeitig wahrnehmen und sie aufhalten können* • *Heil sein bedeutet ganz sein* • *Spirituelle Erkrankungen* • *Heilmethoden und die Selbstheilungskraft des Körpers* • *Welche Bedeutung haben Unfälle?* • *Tödliche Diagnose und verbleibende Lebenszeit* • *Schwere Erkrankungen bei jungen Menschen* • *Die Angst vor Krankheit*

Band V: Das spirituelle Leben
Paperback, 216 Seiten, ISBN 978-3-907091-15-9

Kap. 1: Absolute Hingabe oder Freizeitspiritualität?

• *Wir können nicht zwei Herren dienen: Solange wir noch weltliche Ziele verfolgen, erlangen wir das Göttliche nicht • Voraussetzungen für die vollständige Hingabe • Die Entscheidung für den spirituellen Weg bedingt keinen Rückzug aus der Welt • Einem Lehrer folgen oder alles aus eigener Kraft schaffen?*

Kap. 2: Was gehört zu mir und was ist fremd?

• *Die feinstofflichen Elemente Gedanken und Emotionen • Andere Ebenen des Seins • Das Wahrnehmen fremder Energien • Besessenheit • Übertragung von Energien auf Mitmenschen • Unterscheiden zwischen Eigenem und Fremdem • Jeden Kontakt mit „schlechten" Menschen meiden? • Positive und negative Schwingungen von Musik, Texten, Bildern, Orten, ... und ihre Wirkungen auf uns*

Kap. 3: Heilige Schriften: nicht nur für Schriftgelehrte

• *Erläuterung einzelner Passagen aus Veden, Upanishaden, Bhagavadgita, Neuem Testament • Einem Glaubenssystem blind vertrauen und folgen? Die Wahrheit ist in uns und im Leben selbst • Verständnis und Interpretation • Diverse Zitate von Laotse, dem Buddha, aus dem Sufismus, der Kabbala*

Kap. 4: Inneres und äußeres Leben

• *Der Rückzug in die Welt der Seele • Das Außen verwandeln • Mit den inneren Augen schauen • Übungen, um die innere Welt zu erfahren • Das Leben in der inneren Welt und die Konsequenzen auf unser äußeres Verhalten • Hindernisse im inneren Leben • Sich eine Weile vollständig aus der Welt zurückziehen? • Verzicht • Gebet und Meditation*

Kap. 5: Und wo bleibt die Erleuchtung?

• *Beschreibungen und Berichte über mystische Erfahrungen aus verschiedenen Religionen und Zeitepochen • Zitate aus der Bhagavadgita zur Erleuchtung • Wie und wann erlangen wir die Gottesverwirklichung? • Brauchen wir dazu einen Guru oder Meister?*

Karin Jundt
Ich liebe mich selbst und mache mich glücklich
Taschenbuch, 136 Seiten, ISBN 978-3-907091-04-3

Karin Jundt sagt von sich, sie habe erst im Alter von 40 Jahren festgestellt, dass ihr das Selbstwertgefühl und die Selbstliebe fast vollständig fehlten. Sie macht diesen Mangel verantwortlich für viele ihrer früheren Probleme mit den Mitmenschen und für eine periodisch auftretende, nicht näher definierbare Unzufriedenheit. Nach dieser Einsicht begann sie, am Aufbau ihrer Selbstliebe zu arbeiten, und erkannte mehr und mehr, wie unerlässlich sie für ein erfülltes, glückliches Leben ist.

Selbst darin gefestigt, entwickelte sie auf der Basis ihrer eigenen Erfahrungen eine Methode zum Aufbau und zur Stärkung der Selbstliebe, die sie viele Jahre lang in Seminaren und Kursen lehrte.

Mit diesem Buch gibt sie ihre Methode nun ebenfalls weiter. Es handelt sich um einen Leitfaden, der wie ein Kurs mit Aufgaben und Übungen aufgebaut ist. In den ersten Kapiteln werden die Grundlagen des Selbstwertgefühls und der Selbstliebe dargelegt. Der Hauptteil befasst sich mit der Selbanalyse und der Betrachtung der Verhaltensmuster, die auf ein niedriges Selbstwertgefühl und eine schwache Selbstliebe hinweisen, und zeigt dann den Weg auf, um neue Verhaltensweisen Schritt für Schritt einzuüben und alte hinderliche Muster abzulegen.

Karin Jundt
Ich liebe mich selbst 2
Taschenbuch, 156 Seiten, ISBN 978-3-907091-06-7

Bei diesem Buch, von der Autorin als Fortsetzung und Ergänzung ihres ersten Wegweisers zu diesem Thema konzipiert, handelt es sich um eine konkrete Anleitung zum Aufbau und zur Stärkung des Selbstwertgefühls und der Selbstliebe. In jedem der 26 kurzen Kapitel befasst sie sich mit einer Verhaltensweise, die auf eine schwache Selbstliebe hindeutet, und schlägt eine auf den gewöhnlichen Alltag ausgerichtete Übung vor, um diese Verhaltensweise zu verändern. Es geht dabei um unsere Abhängigkeit von anderen Menschen, um Verlustangst, Selbstbestimmung, aber auch um Perfektionismus, Überheblichkeit, mangelnde Spontaneität und nicht zuletzt um die Ängste.

Die von ihr vermittelten Erkenntnisse und Einsichten sind aus dem Leben gegriffen, ihre Übungsvorschläge und Tipps für alle praktikabel. Der Alltag ist die Schule der Selbstliebe.

Website der Autorin: www.selbstliebe.ch

Karin Jundt
Karma Yoga – Auf dem sonnigen Weg durch das Leben
Taschenbuch, 140 Seiten, ISBN 978-3-907091-03-6

Der Karma Yoga, eine jahrtausendealte Lehre aus Indien, ist im Westen kaum bekannt. Obwohl es sich im Ursprung um einen spirituellen Weg handelt, kann man ihn, unabhängig von der eigenen religiösen und philosophischen Ausrichtung, zur wohltuenden Veränderung der inneren Haltungen praktizieren. Seine Erkenntnisse lassen sich leicht in das normale Leben einbauen und machen den Alltag selbst zum Übungsplatz, ohne dass man sich gesondert Zeit nehmen muss für spezielle Praktiken wie Meditation oder Körperübungen. Den Grundsätzen des Karma Yoga zu folgen, führt zu einem Dasein mit weniger Ängsten und Sorgen und mehr Zuversicht und Mut.

Das ist auch das Anliegen der Autorin: einen einfachen, verständlichen Leitfaden anzubieten, mit konkreten, alltagsbezogenen Anregungen, um das Leben im Hier und Jetzt zu erleichtern und zufriedener zu gestalten. In ihrem Buch beleuchtet sie vor allem die Themen Selbstwertgefühl / Selbstliebe, Urvertrauen und Gleichmut – und natürlich das Handeln, das zentrale Element des Karma Yoga.

Website der Autorin: www.karma-yoga.ch

Karin Jundt
Jonathan von der Insel
Taschenbuch, 160 Seiten, ISBN 978-3-907091-09-8

Der Fischer Jonathan macht einen außergewöhnlichen Fang: einen bunten, sprechenden Fisch, der Wünsche erfüllt – allerdings anders, als man es erwartet. Beim jungen Mann löst er den Prozess der bewussten inneren Entwicklung aus. Auch Jonathans Freundin Serena begegnet dem Fisch, und er weist ihr den Weg aus einer schwierigen, leidvollen Zeit. Beim Dorftrottel Beppi scheint der Fisch gar Wunder zu wirken. Die Geschichte spielt auf einer kleinen Insel im südlichen Mittelmeer; es ist die Kulisse des gewöhnlichen Alltags, wo Menschen Leidenschaft und selbstlose Liebe erfahren und die Last schweren Schicksals tragen.

Es ist eine tiefsinnige, märchenhafte, spannende Erzählung von der Liebe und dem Weg zweier Menschen durch das Lichte und Dunkle des Lebens. Was ihnen zuerst oft sinnlos scheint, fügt sich in das Geschehen harmonisch ein, hat seinen Stellenwert im Ganzen und wird sinnerfüllt, sobald es ihnen gelingt, das Leben als Weg zum Höheren anzunehmen und auf die Vollkommenheit des kosmischen Plans zu vertrauen.

„Jonathan von der Insel" malt ohne Mahnfinger und theoretische Belehrung in poetischer, liebevoller Weise ein ruhiges Bild, wie Menschen, die mit beiden Füßen fest in dieser Welt stehen, zugleich mit Kraft, Zuversicht und Lebensfreude dem Ruf ihrer Seele folgen.

Karin Jundt
Der Wanderer im dunklen Gewand
Taschenbuch, 164 Seiten, ISBN 978-3-907091-10-4

Er erwacht eines Nachts unter dem Sternenhimmel, weiß nicht, wer er ist, woher er kommt, wohin er gehen soll – und macht sich auf den Weg. Später erhält er einen Namen und damit eine scheinbare Identität. Die Frage nach seinem Ursprung, seiner Heimat, dem wahren Sein, dem Sinn verstummt indes nie. In dieses Leben hineingestellt, sucht der Wanderer seinen Weg über lichte Hügel und durch dunkle Täler, lässt sich leiten vom Fluss, lernt durch seine Erfahrungen und Erkenntnisse – und wundert sich über die immer zahlreicher werdenden goldenen Flecken an seinen dunklen Kleidern.

Jedes Mal, wenn er meint, er könne nicht mehr, wenn er erschöpft und verzweifelt ist, findet er Menschen, die ihm die Hand reichen, bis er einem Weisen – Jonathan aus dem Roman „Jonathan von der Insel" – begegnet, der ihm zur Erkenntnis seines wahren Wesens verhilft. In Francesca findet er dann auch die große Liebe, die ihn fortan auf seiner Reise begleitet. Doch sein Ziel kann er am Ende nur allein erreichen…

Manfred Kyber
Der Königsgaukler
Hardcover, 72 Seiten, ISBN 978-3-907091-08-1

Ein zeitloses spirituelles Märchen über den Lebensweg eines jeden Menschen zu seinem höheren Selbst, ein Märchen, das Mut macht, Hoffnung schenkt und Trost spendet.

Diese neue Ausgabe entspricht dem Originaltext der Erstpublikation aus dem Jahr 1921, berücksichtigt jedoch die neue deutsche Rechtschreibung und Zeichensetzung.

Das Büchlein ist liebevoll und edel gestaltet, um diesem Juwel der spirituellen Literatur gerecht zu werden, und eignet sich auch hervorragend als Geschenk.